CARLOS CUAUHTÉMOC SÁNCHEZ

descalabrados

SE NECESITA ALGO MÁS QUE SANGRE
PARA SER FAMILIA

ISBN 978-607-98664-0-2

Mariano Escobedo No. 62, Col. Centro, Tlalnepantla Estado de México, C.P. 54000. Miembro núm. 2778 de la Cámara Nacional de la Industria Editorial Mexicana.

Tels. y fax: (+5255) 55 65 61 20 y 55 65 03 33

Lada sin costo en México: 01 800 888 9300

EDITORIAL DIAMANTE: informes@esdiamante.com

ventas@esdiamante.com

www.editorialdiamante.com

PARA COMUNICARSE CON EL AUTOR: privado@carloscuauhtemoc.com

www.carloscuauhtemoc.com

PARA CONTRATAR UNA CONFERENCIA DEL AUTOR:

conferencias@lideresintegrales.com

PARA UNA PRESENTACIÓN DE SAHIANA: contacto@sahiana.com

descalabrados

1

CAMBIO

Era de noche. La luz medrosa de una lámpara ambarina dibujaba vagamente la sombra de los muebles. Al fondo había un piano de media cola; detrás de él, sollozaba una mujer agachada con el cabello largo cubriéndole la cara.

Se escuchó el sonido de un acorde; do menor, largo, sostenido. Después, escalas de una melodía triste.

Las composiciones de Farah, lograron ser famosas años atrás. Pero, cuando su familia estalló en mil pedazos, ella dejó de hacer presentaciones públicas, y abandonó su carrera de celebridad para enfocarse en la de supervivencia.

Siguió tocando. Se limpió las lágrimas que, de tan profusas e insistentes, le habían marcado las mejillas como un leve tatuaje de amargura.

> Yo no puedo apostarle más a este amor gastado y vacío; ya no tengo motivos de buscar en tus ojos alguna luz; es ridículo fingir que está todo bien si a mi voz no tienes oídos.

Interpretó la canción dejándose llevar por una combinación

de pena (al saberse protagonista) y gozo (por haberse dado el tiempo de estar frente al piano otra vez). Aunque la vida la había obligado a alejarse de la música, siempre luchaba por regresar a ella como el pez confinado que busca desesperadamente nadar en aguas frescas.

Se agachó de nuevo sobre el teclado; pensó:

"Es increíble cómo puede cambiar la vida; las cosas son de una forma y de pronto son de otra. Los familiares mueren, la gente viaja, los exitosos caen, los famosos son olvidados, los amores se van. Hay estudiantes que se embarazan y todo cambia. Hay maridos que son infieles o cometen fraudes y todo cambia. Alguien sano sufre un accidente y todo cambia. Pero el cambio angustia. Nos hace coleccionar *hubieras*. Si *hubiera* hecho; si *hubiera* dicho, si no *hubiera* confiado, si *hubiera* llegado a tiempo, si no *hubiera* estado ahí, si *hubiera* sabido. Los *hubieras* nos anclan a un pasado que ya no existe, nos paralizan mentalmente".

 Absurda soledad. Maldita soledad; que me ha tenido aquí, más de lo que debía soportar. Farsante soledad. Perversa soledad. Miente al decirme que necesito de ti.

En esa casa había cambiado todo. Y los *hubieras* perseguían a Farah como un porfiado y feroz enjambre de avispas.

Levantó la cabeza tratando de aguzar el oído.

¿Había ruidos en la calle? ¿Alguien estaba entrando a la casa? ¿Sería Marco Polo, al fin?

Miró el reloj. Se asomó por la ventana; apretó los dedos; volvió a sentarse.

Eran las tres de la mañana y su hijo no había llegado todavía.

2

EL ANTRO

Marco Polo terminó de repartir las últimas dosis de la jornada. Fue una buena noche. Vendió veintidós empanaditas con *pasta soñadora*.

Se acercó al encargado del bar y le pagó la cuota acordada. Lo hizo, como siempre, poniendo sobre la barra un estuche de gafas con el dinero adentro.

—Aquí te dejo tus lentes. Para que veas. Los clientes están felices.

—Gracias. Hoy nos fue bien. —El cantinero tomó el estuche y lo guardó en su cajón—. No como otras veces que nos llenamos de niños o señores ochenteros que no gastan nada.

—Sí. —La alegría colectiva entre música y luces era inmejorable—. Creo que también les fue bien al Cuervo y al Raro. ¿Ya te entregaron cuentas?

—Seguro no tardan. Ellos sí mueven billetes. ¿Y tú, Marco, por qué no vendes cosas más fuertecitas?

—Cada quien se especializa en algo —habló sonriente como siempre—. Yo prefiero lo menos peligroso. Me da suficiente. Lo que necesito.

Aprovechando su amabilidad, el cantinero preguntó:

—¿Y cómo le haces para que tu mota no huela y no te descubran? No sé si me quieras ayudar... Yo siempre he querido tener otros ingresos.

Marco volteó para todos lados como dispuesto a decir en susurro su secreto. Aunque tenía poco tiempo en ese negocio, había encontrado una veta de ingresos muy creativa:

—La primera regla es que si vendes droga no debes consumirla. La segunda es que debes escoger bien tu mercancía. Recuerda que somos comerciantes. Hay cosas muy adictivas que matan a tus clientes y te ponen en mucho riesgo. Se necesita ser suicida para vender lo que venden el Cuervo y el Raro. Yo renuncié a eso. Escogí lo más inofensivo; *Mary Jane* es hasta legal en muchos sitios. La clave es no meterse en temas de humos y vapores apestosos; yo compro la hierba en crudo, la descarboxilo y hago una pasta concentrada que meto a las miniempanadas; vendo de queso, carne, rajas y mermelada; son pequeñas pero están bien cargadas. Una sola equivale a cinco porros. —Se acercó al cantinero y le convidó su máximo secreto—. También hago (bajo pedido) empanadas especiales a las que les muelo setas deshidratadas.

—Eres un cabrón, Marco Polo.

—Me sobraron tres —puso una bolsa de plástico sobre la barra—. Te las dejo.

El cantinero la recogió de un zarpazo.

De pronto se escucharon gritos. Personas discutiendo; gente tirando mesas y sillas. Aunque la música acallaba el alboroto, Marco Polo supo que estaba sucediendo algo peligroso. Echó un vistazo a la entrada. La policía había detenido a varios de los clientes y volteaban alrededor como buscando entre la multitud alguien más a quién acusar.

Marco Polo caminó rumbo a la salida de emergencia. Encontró al Cuervo y al Raro, sus proveedores, agazapados en un recoveco del pasillo.

—Nos cayó la tira pesada —dijo el Cuervo.

—Pues vámonos por la puerta de atrás —sugirió Marco.

—No se puede —aclaró el Raro—. Ya me asomé. También hay policías. Parece que van a hacer un cateo. ¿Te sobró mercancía?

—No. La vendí toda.

El Cuervo era jefe de todos los narcomenudistas; fungía como intermediario entre la mafia alta y los soldados rasos. Su apodo hacía referencia a su astucia y mala cara. Metió la mano a una mochila que llevaba colgada al hombro.

—Tú eres nuevo. La policía no te conoce —le dio un paquete del tamaño de una naranja—. Guárdanos esto.

Marco miró el contenido. Su vendedor de hierba y hongos era también distribuidor de cocaína, heroína, LSD, éxtasis, *poppers* y otras cosas. Marco se puso pálido. En el paquete había de todo.

—Yo no cargo droga mala. Ya lo sabes.

—Cállate, y obedece.

—Si me agarran con esto, me va a llevar la fregada.

—Te va a llevar de todas formas —el Cuervo le puso una pistola en el cuello—, si no nos obedeces.

Se quedó quieto, incrédulo, aterrorizado. Comenzó a temblar; toda su valentía fingida se había esfumado. Tomó la bolsa tiritando y se le cayó al suelo. Salieron rodando algunas rocas y pastillas. Se agachó a recogerlas. El Cuervo lo encañonó en la nuca.

—Si pierdes una maldita tacha te la vamos a cobrar con tus ojos. ¿Oíste?

Marco Polo era un joven alto; en los últimos años, el sedentarismo le había hecho ganar peso. Tenía el cabello largo y una barba rala desaliñada. Parecía luchador callejero de judo. Pero ahí en el suelo, a gatas, recogiendo droga, se veía pequeño, como niño regañado. Recuperó todo y se puso de pie despacio. En un acto desesperado de defensa, protestó:

—Deja de apuntarme con la pistola, Cuervo. Yo soy amigo.

—Vamos a calmarnos —el Raro adoptó un tono más condescendiente—. Disimula, Marco. Si te calmas no va a pasar nada. Nosotros somos los que estamos quemados aquí. Tienen nuestras fotos. Nos andan buscando. Sepárate. Fíjate en lo que vamos a hacer. Cuando se arme la bola de gente te metes en medio y salimos con todos.

—¿Cuál bola de gente? —Se pasaba el paquete con droga de una mano a otra como si le abrasara las palmas—. ¡Están revisando a uno por uno en la puerta! —En su nerviosismo, volvió a dejar caer la bolsa.

—¡Imbécil! —El Cuervo le dio un golpe en la cabeza con la cacha de la pistola.

Se desmayó.

3

LA SALA

Llegó a casa.

Le costó trabajo abrir la puerta.

Para su sorpresa, encontró la luz encendida.

Al fin a salvo.

Fue directo a la sala. Revisó debajo del sillón principal entre la borra y los resortes para cerciorarse de que todo estaba en su lugar. Había guardado ahí una bolsa de marihuana. Se sentó encima. Cerró los ojos un instante y acarició la vieja tela aterciopelada. Mal que bien era su casa.

—Ya pasó todo. —Se consoló a sí mismo—. ¡Estuvo cerca!

Miró alrededor. La sala era un recinto escueto, con pocos muebles; dos sillones de tela carcomidos por años de uso metódico, una mesita circular de encino, dos lámparas largas que perdieron su verticalidad, y un librero color chocolate, cacarizo, entre cuyos hoyuelos se podía entrever su horrendo color amarillo original. Al fondo estaba el piano de su madre; sobre el piano había una pequeña escultura de plata en forma de un salmón saltando; junto al piano, una mesa de trabajo para la computadora de su padre.

La familia entera solía reunirse por las noches en esa sala. Eran bohemios por naturaleza. Antes, su madre tocaba el piano y componía; Marco tocaba la guitarra y hacía pequeños arreglos musicales; su hermana pintaba caricaturas sobre la mesa circular, y su padre, usando audífonos, trabajaba obsesivamente programando sistemas de seguridad cibernética en la computadora. Pero ahora todo había cambiado. Su padre ya no vivía con ellos, su hermana ya no pintaba caricaturas y su madre cada vez tocaba menos el piano.

Casi como si fuera una broma macabra, se escuchó el golpe del teclado y las notas de una melodía triste. Marco Polo sintió un escalofrío. Detrás del piano, entre las sombras, emergió la figura de una mujer con el pelo largo tapándole la cara. Tocaba con una furia contenida que había derivado en decepción, casi agotamiento. De pronto dio un golpe abrupto a las teclas como para indicar que el concierto había terminado antes de comenzar.

—Me asustaste, mamá. ¿Qué haces despierta?

—¿Por qué apagaste el celular?

Escondió el teléfono en un movimiento instintivo.

—No lo apagué. Se me acabó la batería.

—A ver. Déjame verlo.

Farah se levantó y fue hacia él. Se veía ojerosa y despeinada.

—¿Qué haces, mamá? No me toques. El celular es personal.

—¿Estás borracho?

—Mucho. —Hizo un ademán ridículo fingiéndose mareado—. ¡Claro que no!

—Quedamos en que llegarías a la una de la mañana, máximo. Lo pactamos. Y fallaste. Mentiste. Desactivaste tu ubicación a las once, dejaste de contestar mis mensajes a las doce, apagaste tu celular a la una. Y, mira la hora, ¡llegaste a las cuatro y media!

Sonrió con incredulidad mordaz.

—¿Me vigilas minuto a minuto? ¿Por qué no te metes a trabajar de detective? Eres una anciana de cuarenta y cinco años. No puedes pasártela revisando la aplicación que marca dónde estoy.

—Pues a las ancianas como yo nos gusta mucho más estar dormidas a esta hora.

—¡Es lo que yo digo! ¡Vete a dormir!

—Demuéstrame que tu celular no tiene batería... o te voy a romper la cabeza.

—¿Me vas a romper la cabeza?... —Se rio de ella—. Si haces eso acabarás en prisión. Y todos dirán que eres una loca que asesinó a su hijo tratando de quitarle el celular.

Su sarcasmo pareció mitigar un poco la ira de su madre. Sin dejar de ser enérgica, amenazó tomando con las dos manos el centro de mesa: una densa piedra de mármol en forma de mango; la levantó siguiendo el juego de arrojársela a su hijo.

Algo terrible les vino a la mente. Ambos se quedaron paralizados.

Ella se disculpó.

—Perdón. —Y devolvió el pesado adorno a su lugar.

Pero un recuerdo nítido y doloroso acababa de pasmarlos como una viscosa niebla: no podían alejar la imagen del padre de Marco borracho, llorando en ese sillón de la sala, bañado en sangre por haberse golpeado él mismo con la pieza de mármol.

4

APLASTADOS

El desmayo de Marco duró apenas unos segundos; había caído sobre el paquete de droga.

La música del antro continuaba a todo volumen. A pesar del operativo policiaco, los administradores del bar se esforzaban por mantener las apariencias.

—Dame eso. —El Cuervo le arrancó la bolsa con mercancía y volvió a meterla a su mochila—. Vas a acabar perdiéndolo. O te van a agarrar. Eso me pasa por asociarme con pendejos. —Se giró para hablar con el Raro—. Vamos a echar el aparato ya.

Marco Polo se quedó en el suelo con la mano en la cabeza. Desde ahí pudo ver cómo el Raro tomaba la mochila mientras el Cuervo hurgaba en el interior como un mago que busca en su chistera al conejo que se le ha escondido. Entre los dos, al fin lograron armar una especie de granada. El Cuervo la extrajo cuidadosamente con ambas manos y la arrojó sobre la pista de baile.

Hubo una explosión.

El lugar se llenó de humo picante. La gente empezó a toser y a gritar. Cayeron al suelo mesas, sillas, vasos con bebidas, botellas. Hasta entonces los encargados ordenaron apagar la música.

Marco Polo se puso de pie con una mano en la cabeza, corrió hacia la entrada y se apretujó a la multitud que pugnaba por salir.

Había muy poca visibilidad.

Los gritos continuaban. La gente se estaba aplastando. Si no desbloqueaban la puerta pronto, iba a haber muertos por asfixia.

La policía, afectada también por el gas picante, al fin liberó la salida.

Decenas de jóvenes salieron a empujones. Varios se tropezaron y fueron aplastados por la multitud.

Marco vio cómo una chica se tropezaba y caía en frente de él. Quiso detenerse para ayudarla a levantarse, pero la turba lo empujó y pasó encima de ella. La oyó gritar mientras era triturada a pisotones.

Se escuchó la sirena de emergencia del edificio.

Logró salir.

En la calle todo parecía confuso. Llegaban patrullas y ambulancias.

Marco había dejado estacionada su motocicleta del otro lado de la acera. Se montaría en ella y saldría a toda velocidad. Metió las manos al bolsillo buscando las llaves. Se detuvo en seco. Al pie de su moto había varias personas tratando de recuperarse de los empujones y el gas picante. Algunos paramédicos empezaban a asistirlos. Dudó. Quería escapar cuanto antes. Pero tendría que pedir permiso de paso a muchas personas. Además, en el maletero de su motocicleta había algunas empanadas con marihuana y la moto en sí era demasiado llamativa: BMW, doble propósito de mil doscientos centímetros cúbicos; regalo de unos tíos ricos.

Un policía parado junto a la moto comenzó a revisarla y le tomó fotografías a la placa. Marco se llenó de temor. Acababa de registrarla con el domicilio exacto de su casa.

Los gritos continuaban. Algunos clientes y empleados del bar habían sido inmovilizados. Estaban con las manos arriba, pegados a la pared mientras la policía los inspeccionaba. Marco logró identificar entre los detenidos al cantinero del bar y al Raro.

Una de las patrullas recién llegadas encendió la sirena; se escuchó la voz autoritaria de un agente en el megáfono:

—Todas las personas que acaban de salir del edificio tienen prohibido retirarse. Se está llevando a cabo una inspección de narcóticos.

El anuncio fue suficiente para que muchos de los que estaban afuera, tosiendo y quejándose, echaran a correr. Marco aprovechó que varios policías fueron detrás de los fugitivos para escabullirse también. Lo hizo caminando con disimulo. Pero apenas llegó a la esquina, corrió con todas sus fuerzas. A pesar de ser casi las cuatro de la mañana había autos circulando en la avenida principal. Buscó un taxi. Volteó alrededor. Era mala idea. Varios de los prófugos también andaban a la caza de un taxi. En cuanto apareciera el primero, le caerían encima como leprosos que quieren ser sanados.

Encendió el celular. De inmediato le llegaron varios mensajes atrasados de su madre con notificaciones audibles superponiéndose entre sí como un tamborileo de reproches.

Abrió la aplicación de Uber. Un autito apareció en el mapa a cinco minutos de distancia. Respiró tratando de calmarse. Fueron los cinco minutos más largos de su vida. En cuanto se subió al coche, volvió a apagar el teléfono. No quería arriesgarse a que a su mamá le sonara también algún aviso de que su hijo estaba de nuevo en línea.

Llegó a su casa.

Le costó trabajo abrir la puerta.

Para su sorpresa, encontró la luz encendida.

Al fin a salvo.

5

SAMURÁI

—Dame tu celular —le ordenó Farah.

Ya no quiso discutir. Haber recordado tanto su reciente escape del antro como a su padre en la escena más vergonzosa, le había robado toda la energía.

Entregó el teléfono. Farah activó la pantalla; echó un vistazo. Comprobó que su hijo le había mentido. Comenzó a mover el brazo blandiendo el aparato.

—¡Tu teléfono tiene treinta por ciento de batería! Lo apagaste para no recibir mis llamadas. Para no contestar mis mensajes. —Tosió.

El joven quiso forzar el humor que lo caracterizaba y jugó:

—¿Quieres un poco de leche?, la leche es buena para las rabietas. Se la dan a los bebés cuando pierden el control. ¿O te preparo un té, mejor?

—¿Tú crees que estoy despierta para tomar leche o té? ¡Ya casi es hora de levantarme! Me duele todo. Estoy agotada. Trabajo doce horas al día. ¿Y tú qué haces a cambio? ¡Nada! Te descuidaste físicamente. Te dejaste crecer el pelo y la barba como vagabundo. Están a punto de correrte de la universidad, otra vez, porque tienes varias materias reprobadas y no asistes a clases.

—Qué rápido corren los chismes.

—¿Te drogaste? ¿Por qué tienes los ojos tan rojos?

—Ay, mamá. Si alguien estuviera viendonos, diría que la drogada eres tú. Quieres matar a tu propio hijo, das vueltas por la sala como leona enjaulada, dices que te duele todo, que estás agotada y te gustaría dormir, pero sigues despierta haciendo una faena de concurso. Yo, en cambio, mírame, estoy ecuánime. Acabo de llegar...

—Ya basta, Marco Polo. Pensé que te había pasado algo.

—¿Por qué me iba a pasar algo? Sé cuidarme. Soy adulto. No muy responsable, pero legalmente adulto. Tengo derecho a hacer lo que más me conviene.

—¿Lo que más te conviene? ¡Cuando estás en casa te la pasas en la computadora jugando videojuegos!; en las noches vas a bares y fiestas; los fines de semana vas al parque de diversiones —se mofó—. ¡Lo que más te conviene!

—Me gustan las montañas rusas. También tengo mi ideología.

—¡Ah! ¿Y se puede saber cuál es?

Recitó sus frases favoritas:

—La vida tiene subidas y bajadas. Disfruta cada momento. Solo vives una vez. Te arrepentirás de lo que no hiciste. Sé feliz. Si la vida te da limones, haz limonada. Vive y deja vivir. La vida es corta y a nadie le importas.

Farah se sentó en el sillón. Parecía imposibilitada para rebatir las locuciones dogmáticas de su hijo.

—¿De verdad? —Lo miró con agobio—. ¿Esa es tu filosofía? ¿Desde cuándo?

—Desde siempre.

—Mentira. Tú no pensabas así antes. Fuiste buen estudiante, competitivo, perfeccionista. En el deporte ganaste muchos premios.

—Cállate.

—No, Marco. Escúchame. Sabes lo que es subirse al podio de primer lugar, levantar las manos e inclinarse para que te cuelguen una medalla de oro. Sabes lo que es pelear con toda el alma por lograr una meta.

Percibió el calor de la sangre subiéndole a la cara. Seguramente estaba ruborizándose.

—Eres cruel —protestó.

—Estoy diciendo la verdad. Fuiste un campeón al que aplaudían y alzaban en hombros. Ve la estatuilla que está sobre mi piano del salmón saltando contra corriente para lograr sus anhelos. Es mi símbolo favorito, porque me recuerda a ti, Marco. En tus venas corre la sangre de un guerrero... Eres experto en la batalla, no en la derrota. Eres un samurái.

—¿Samurái? No me hagas reír. De veras que fumaste hierba de la buena. Me voy a dormir.

—Espera, hijo. No soportas hablar de esto pero tenemos que hacerlo. Dime por qué no te has podido recuperar.

De pronto no tuvo ánimo para moverse; se sentía apresado por densos vapores de bochorno. Su madre había destapado la cubierta de la cloaca. Arrugó la nariz como si percibiera el olor fétido de aquel terrible acontecimiento que lo lanzó como catapulta al espectro opuesto de la existencia humana: de campeón a vagabundo; de conquistador a conquistado.

—Ya no recuerdo el éxito deportivo —dijo en tono serio—. Se me borró por completo. En cambio, recuerdo las burlas, los insultos. Mi historia atlética es de fracaso. Soy el prototipo del tramposo. Como Luis Resto, Rosie Ruiz o Lance Armstrong.

—No. Resto, Ruiz y Armstrong hicieron un fraude que ellos planearon y ejecutaron. Tú no. Tú fuiste víctima. El castigo que recibiste no fue por lo que hiciste, sino por lo que te hicieron.

—¡Te equivocas, mamá! Yo fui quien hizo trampa. Aunque *otro* me encarriló, sostuve la mentira consciente de lo que hacía; al final, me corrieron como a un empleado ratero.

—Eso pasó hace cuatro años, hijo. Desde entonces, ¡no solo dejaste de entrenar!, ¡dejaste de estudiar!, ¡dejaste de soñar!, ¡abandonaste a Dennali, te metiste con mujeres de juerga y amigos de mala muerte! Adoptaste esa filosofía de irresponsabilidad que te está hundiendo. ¿"Vive y deja vivir"?, ¿"la vida es corta y a nadie le importas"? ¡Por favor!

Apretó los dientes y gruñó como tratando de exorcizar, o al menos acallar, el demonio de la ira que le carcomía las entrañas.

—¡Tú no sabes nada de mí!

6

NON GRATO

Cuatro años atrás:

Marco Polo estaba frente a sinodales, jueces, maestros y administrativos. Había sido acusado de conducta antideportiva.

Lo citaron en el recinto de plenarias de la Confederación de Artes Marciales. El lugar era solemne, elegante. Lleno de personas de alto rango.

Como fue eliminado en la última competencia por actuación sospechosa, sometieron su historial a una exhaustiva investigación; y ahora estaba ahí, frente a todos, escuchando la evidencia. Existían pruebas fehacientes de que había cometido un fraude deportivo: fotos, documentos, testimonios.

Le preguntaron si tenía algo que decir y permaneció callado.

Los investigadores añadieron que esa sofisticada cadena de ilegalidades tuvo que ser orquestada por alguien más, en complicidad con Marco Polo, alguien dentro de la organización del deporte. Entonces hicieron pasar al frente al señor Guido Zetina, padre de Marco y jefe de sistemas informáticos de la Confederación.

Padre e hijo fueron expuestos a la más grande vergüenza; acorralados y conminados a aceptar las trampas que habían hecho. En medio de la arenga, Marco volteó a ver a su padre. Él no le devolvió la mirada. Estaba rígido. Meses atrás le aseguró que jamás los descubrirían. Le dijo muchas veces que todo estaba bajo control. Pero se equivocó. (Tampoco tenía un plan B, como tienen los ladrones, para escapar si las cosas salen mal).

—¿Reconoce que su hijo Marco Polo Zetina ha cometido todas las ilegalidades expuestas, con ayuda de usted, señor Guido Zetina?

Guido tartamudeó:

—Pe... pe... pero yo fui quien planeó todo. Mi hijo es inocente.

Farah también fue llamada a declarar. Como madre de un competidor que llegó a ser campeón nacional dos veces, tenía la obligación de dar su versión de los hechos. Dijo que su hijo era un atleta muy comprometido y que no había planeado ninguna de esas trampas. Sin embargo, el joven tenía diecinueve años. No podía argumentar desconocimiento. Sin dejar de ser víctima, también era responsable.

—Esta Confederación —concluyó el director— declara a Marco Polo Zetina como individuo *non grato*. Estará castigado durante dos años sin poder presentarse en ningún gimnasio de competencias; perderá sus grados, tendrá que devolver sus cinturones, diplomas y medallas. El señor Guido Zetina, por su parte, será removido de forma definitiva de sus cargos de trabajo deportivo y no podrá volver a relacionarse con las artes marciales en toda su vida.

Farah movió la cabeza sin entender el veredicto. Quiso comprobar lo que le parecía absurdo:

—¿Mi hijo tiene que devolver *todas* sus medallas?

—Sí, señora. *Todas* las que haya ganado desde que comenzó a competir. Pero principalmente y de inmediato, las de campeón regional y nacional.

Individuo *non grato*. Dos años exiliado. Devolver todos sus cinturones y grados. Si alguna vez quería regresar al deporte, tendría que empezar de cero.

Cuando la cosa no podía ir peor; los confederados hicieron un nuevo anuncio: en ese momento se iniciaba otra investigación dirigida al entrenador de Marco Polo; el señor Ramiro Carmona, mejor conocido como Drac, dueño de la escuela de artes marciales más grande e importante del país, y a todo el equipo deportivo de Drac, con el fin de descartar complicidades o ilegalidades similares.

Los camarógrafos de dos canales de televisión deportiva a los que se les había permitido el acceso estaban haciendo un *close up* a la cara de Marco mientras los reporteros relataban ante los micrófonos en vivo la trayectoria de un campeón que fue representante del país en certámenes internacionales, y que al final resultó ser un tramposo.

Se pellizcó el brazo y notó que dolía. No era una pesadilla. Estaba sucediendo.

La sesión se dio por concluida.

Padre e hijo al frente quedaron suspendidos como marionetas a las que les han cortado los hilos.

Farah pasó a tomar del brazo a su hijo y a su esposo, para ayudarlos a moverse. Se les unió Karen. La familia completa caminó hacia afuera. Tenían que salir pronto, antes de que la noticia se expandiera.

Cerca de la puerta estaba Dennali, la chica a quien Marco quería con toda el alma. Él en realidad no amaba las artes marciales, la amaba a ella; estaba en ese deporte por ella, porque ella lo practicaba, porque el padre de ella era entrenador, porque ella era campeona... En el rostro de la chica había consternación y miedo; vergüenza y ofensa. Marco Polo la miró como el inculpado rumbo al patíbulo que suplica auxilio a su único aliado posible. Ella también quería que todo eso fuera solo una pesadilla. La Confederación Nacional había acusado de delincuentes deportivos a su novio, al padre de su novio y a su propio papá.

Afuera del recinto de plenarias se escuchaba el barullo de amigos, aficionados y enemigos pendientes del dictamen.

—¿No hay otra salida? —preguntó Farah.

Su esposo y su hijo parecían desconectados. Karen respondió:

—No, mamá. Tenemos que pasar por el vestíbulo y caminar rápido hasta el estacionamiento.

Farah empujó la puerta. Efectivamente había mucha gente esperándolos. La noticia ya se había difundido. Algunas personas insultaron abiertamente a Marco Polo y a Guido. Un periodista quiso entrevistarlos.

—No tenemos nada que declarar. —Farah les abrió paso.

Al recibir los abucheos de aficionados y curiosos, Marco se dejó vencer. No pudo contenerse. Los jóvenes de esa edad rara vez lloran, pero su dolor moral superaba cualquier pose de imbatibilidad.

Se cubrió la cabeza; las palabras soeces eran como proyectiles de roca.

Entre gritos y majaderías, la familia Zetina logró llegar al estacionamiento. Los cuatro subieron al auto con una percepción de irrealidad. Toda la vida habían sido bien recibidos en ese lugar, y ahora huían de él como delincuentes. No se sentían ellos mismos. Parecía que estuviesen interpretando el papel de otras personas en un teatro trágico.

Guido echó a andar el vehículo y puso la reversa acelerando sin control. Le pegó al auto de atrás. No se detuvo para ver el grado de avería que había causado. Embragó la primera y arrancó. Nadie los siguió. Salieron a la calle.

Guido manejó a toda velocidad. Farah lo reprendió:

—Cálmate. Vas a atropellar a alguien, o puedes chocar y matarnos a todos.

Guido apretaba el volante con manos temblorosas.

Marco Polo, alto, fuerte, atlético, varonil, no podía parar de llorar.

Su hermanita, Karen, le acariciaba el brazo.

7

PSICOANALISTA

Al recordar, Marco Polo perdió toda apostura, como consumido por aquella vergüenza ingente que debió sentir Adán cuando descubrió por primera vez que estaba desnudo.

En tus venas corre la sangre de un guerrero. Eres un samurái. Experto en la batalla, no en la derrota.

Las palabras de su madre, lejos de confortarlo, lo habían aplastado.

—Hijo, ¿qué te pasa? Tienes que reaccionar. No puedes morirte en vida.

—Demasiado tarde —contestó—. Estoy muerto.

—Mentira. Estás más vivo que nunca. Por eso sientes dolor.

—No quiero hablar, mamá.

—La llaga con pus que no se exprime puede infectarse.

—¡Qué comparación tan asquerosa!

—Vamos a hablar claro. Mucha gente tiene problemas; cae y se levanta; se hunde y sale a flote; enferma y se alivia, ¿Por qué tú no? —Se quitó el cabello de la cara—. Yo te voy a decir por qué. Tu problema no es contigo, ni con la gente que te rechazó. Es con tu padre.

—Ahora vamos a jugar al psicoanalista.

—Deja de ser sarcástico. En el libro *La decisión* leí que toda la maldad del mundo proviene de padres que fallan. Hay padres maltratadores, manipuladores, gritones, violadores, adictos, delincuentes, o lo más común, ausentes. Y sus hijos crecen con heridas que les queman el alma.

—¿Por qué siempre citas ese libro? ¿Solo porque la autora era tu amiga y la viste morir?

—Cito el libro porque dice grandes verdades. Y sí, también porque aprendí a querer y respetar a la autora. La vi soportar una terrible adversidad. ¿Sabes lo que escribió cuando estaba padeciendo los sufrimientos más atroces?: "Decide levantarte. Decide avanzar. Decide amar. *Levantarte (o no) es una decisión.* Vivimos enfermos porque nos hemos resignado al dolor. El dolor es una señal de que debemos hacer algo —reiteró—, ¡decide levantarte! Haz lo que sea necesario para estar bien. Cuando te hayas levantado, avanza. *Avanzar (o no) es una decisión.* Se avanza 'hacia delante' con la vista en el sendero, sin voltear, sin lamentarnos por lo que dejamos o por lo que perdimos, ¡decide avanzar! Muévete hacia el futuro que desees; no te estanques. Y cuando estés avanzando, decide amar. *Amar (o no) es una decisión.* Aplica el TRATO. Actúa, no hables. Cuida tus relaciones con actos. Solo el amor te dará motivos superiores. La vida sin amor no es vida. Decide amar".

—¿Te aprendiste todo eso de memoria?

—De memoria, no. Pero conozco los conceptos. Marco,

reacciona. ¿Tu padre te falló? ¿Y? ¡Déjalo atrás! ¡Ya pasó! Para avanzar hacia el futuro hay que reconciliarse con el pasado.

—Qué interesante. Conoces los conceptos y no los aplicas.

—Estoy tratando. Luchando a diario.

—¡Bonita psicoanalista! Acabas de perder a tu único paciente. —Marco se estiró para retirarse.

—Espera, hijo —Farah lo detuvo—. Sé que no es fácil. Yo estoy en mi propia batalla día con día. Pelea tú también. Mientras le tengas rencor a tu padre estarás atrapado. Si lo perdonas, tal vez él ni siquiera se entere, pero tú serás libre. Enfócate en eso. Yo misma sufrí el calvario de recordar durante años a un papá que me abandonó. Lo buscaba, pensaba en él, lo idealizaba. Lo reclamaba. Lloraba por las noches. El sentimiento de abandono me impedía volar. Estaba encadenada al rencor... hasta que lo perdoné. ¡Y lo dejé ir! Tuve que aprender a reconstruirme, de adentro hacia afuera. Tú debes hacer lo mismo, hijo. Más de la mitad de la población del mundo necesita reconciliarse con sus padres y perdonarlos... Los que no lo logran se vuelven malhechores. Escoge.

—Pues ya escogí; soy malhechor —iba a confesarle que debajo del asiento tenía una bolsa con marihuana para descarboxilar y vender, cuando vio su mirada honesta y afligida; se detuvo y agregó—: Soy lo que soy.

—No acepto esa respuesta, hijo.

—Pues deberías. Yo estoy roto y no puedo pegarme.

—Antes me muero que darme por vencida en ayudarte.

—Carajo, mamá. ¿Por qué no comprendes las cosas? —Marco resopló mirando al suelo. Luego estalló—: Hace cuatro años se acabó mi vida. Pero también la tuya. El mismo día que me corrieron del deporte, mi padre se sintió tan culpable que se golpeó en la cabeza con la bola de mármol que está (¡todavía!) al centro de la mesa. Se hizo una herida en la ceja y se bañó de sangre. Fue espeluznante. Mi hermana y yo lloramos alrededor mientras tú luchabas por detenerle la hemorragia. Y él, borracho si tú quieres (pero los niños y los borrachos siempre dicen la verdad), nos dijo que se sentía muy solo y por eso se buscó una mujer joven y delgada —refirió el detalle para lacerar la llaga de su madre; él también sabía dónde le dolía a ella—, y nos dijo muchas otras cosas que nos apuñalaron el corazón. Tú lo escuchaste en silencio con la cara desencajada mientras le sostenías la gasa en la frente. Esa noche nuestro mundo se desmoronó. Todo lo que éramos y teníamos se hundió como arena en un agujero. Yo me fui a vivir con mis tíos de Monterrey; dejé el deporte, dejé de estudiar, dejé a Dennali. Mi hermanita se puso tatuajes y se pintó el pelo de cuatro colores. Tú dejaste de componer y de tocar el piano. Luego de dos años volví y me encontré con un cuadro muy triste. Esta sala en la que mi padre programaba, mi hermana pintaba caricaturas, yo tocaba la guitarra y tú cantabas al piano, se había convertido en una pieza despoblada, silenciosa, territorio de tu apestoso gato, el Bicho.

Hubo un silencio largo. Ambos se quedaron con la vista perdida recordando al viejo gato sordo que solía marcar su territorio orinando cada rincón y que en las noches dormía debajo de las llantas del auto, buscando el caluroso abrigo del caucho.

—Tú mataste al Bicho —dijo Farah.

—Sí —aceptó con orgullo—. Fue un placer.

—Descarado.

Permanecieron en silencio. Su resumen había revivido el recuerdo de detalles atroces.

8

BORRACHO

Reunidos en la sala, Marco Polo de diecinueve años, Karen de catorce, sus padres, Guido y Farah con veinte de casados, estaban a punto de caer por un desfiladero del que no había retorno.

—¡Pudiste decir la verdad, Guido! ¡Y no lo hiciste! —reclamó Farah a su marido—. Yo te lo pedí varias veces. Pero insististe en mantener tu mentira. ¡Y mira, ahora, el problema en el que metiste a tu hijo!

Aunque el padre de familia quiso protestar, sus palabras sonaron macilentas.

—Hubiera dado lo mismo.

—¡Para nada, querido! Una cosa es confesar un delito y pedir indulgencia, y otra muy diferente, que las autoridades te descubran (como sucedió) y vayan por ti con todo el peso de la ley.

—¿Confesar un delito? ¿Cuál delito? —Guido trató de argumentar pero mantuvo una voz anémica—. Solo hicimos trampa en el deporte. Y el deporte es juego. ¿Por qué crees que los Juegos Olímpicos y los Juegos Panamericanos se llaman así? El mundo no se acaba con un juego.

¿A quién le importa si alguien hace trampa en tiro con cerbatana? Mañana Marco jugará otro juego. Y listo.

Marco Polo, asombrado por el impudor de su padre, sentía las cuerdas vocales anquilosadas. Karen lo defendió:

—*Ese* juego es el deporte de Marco. Ahí creció. Ahí está su novia. Todos lo conocen. Ahí tiene sus amigos.

—Pues bonitos amigos. ¡Nos lincharon!

El padre de familia estaba en el sillón central. Karen lo miraba desde la mesita redonda donde solía pintar. Farah caminaba de un lado a otro; y Marco, parado en el rincón de la sala detrás del piano, apretaba los puños.

—Guido. Ya basta —su esposa reconvino—. No trates de justificarte. Tus engaños nos están acabando. Eres un mentiroso profesional.

—¡Exageras, mujer! —El hombre se puso de pie y fue hasta el librero donde guardaba las botellas de licor. Tomó una de tequila y se sirvió medio vaso. Comenzó a beber.

Guido no toleraba el alcohol. Se mareaba con facilidad. Solo tenía esas botellas para las visitas.

—Tú no tomas, papá —le recordó Karen—, eres abstemio. Te va a hacer daño.

Como respuesta, el hombre rellenó el vaso con tequila y regresó al sillón para seguir bebiendo.

Durante varios minutos nadie habló, mientras Guido continuaba su errática conducta de empinarse la botella. Obviamente estaba usando el alcohol para escapar.

Farah lo conminó:

—Te puede dar un colapso.

—Ya me dio uno —contestó Guido—. Tienes razón. He sido un mentiroso. Pero nunca quise lastimarlos a ustedes. —Su labia fue pareciéndose cada vez más a la verborrea de un borracho—. Adoro a mis dos hijos. Marco Polo, eres un héroe. Karen, también tú eres mi campeona. Y, Farah, te quiero, esposa, pero si somos sinceros, eres fría desde que te conozco; solo piensas en tu música y en tus hijos. Pobres niños inútiles. Los amamantaste hasta que cumplieron dos años. ¿Qué mujer hace eso? Una enferma consentidora —empinó el vaso; exhaló un rugido como si el líquido le hubiese quemado la laringe—; aunque yo también soy un consentidor, lo reconozco, pero de otra forma. Ayudo. De verdad ayudo. Pagué para que pusieran las caricaturas de Karen en la exposición, porque Karen cree que pinta bien, pero no es cierto.

—¿Pagaste? —gritó Karen—. ¿Cómo pudiste?

—Y ayudé a Marco a ganar en el deporte porque siempre fue muy flaquito y debilucho. Desde niño todos se burlaban de él, y le pegaban, y estaba solo. Como dice tu canción, "maldita soledad, farsante soledad, miente al decirme que necesito de ti".

Expresó las últimas palabras arrastrando la lengua y entrecerrando los ojos como a punto de caer en el abismo de la inconsciencia.

—Guido —lo conminó Farah—, di las cosas completas, de una vez. Creo que es momento de sacar todo a la luz. Esta casa debe limpiarse a fondo. Lo que pasó en el deporte no es más que una muestra de la podredumbre en la que estamos metidos.

—¿Podredumbre? Si yo estoy podrido, tú también. Nuestro

matrimonio apesta. Por eso tengo amigas sexuales en la computadora.

—¡Y en la vida real! —Farah gritó.

—En la vida real mi novia es joven y delgada. Noruega. Caray. Qué bonita es. No me gusta estar solo y sin caricias. A las personas nos hacen falta las caricias. Y he pasado muchos días sin caricias; caricias de piel a piel.

Todo era confuso en la perorata de Guido. Los muchachos trataban de sacar conclusiones. ¿Sus padres no se llevaban bien en la intimidad? ¿Ella se refugiaba en la música y en sus hijos? ¿Él, por su parte, aprovechaba sus largos viajes para buscar el calor de piel que le faltaba?

Karen preguntó sin rodeos:

—¿Papá tiene otra familia?

Farah respiró profundamente y dio pie a revelar el secreto que había guardado por años.

—A ver, Guido. Habla con tus hijos. ¿Por qué no les platicas de una vez sobre su medio hermano?

Guido sumió la cabeza haciendo desaparecer el cuello de su cuerpo.

En ese momento se escuchó el timbre de la casa. Una visita inoportuna acababa de llegar y estaba tocando a la puerta. Nadie se movió para ir a abrir.

Guido apuró el último trago, bamboleándose. Había caído en un estado de intoxicación alcohólica extrema. Apenas podía abrir los ojos. Aunque seguía consciente y lleno de energía.

—Es cierto. Soy un fracasado profesional —gimió—. Basura en el mundo. Vómito de la sociedad.

Se inclinó sobre la mesa frente al sillón.

Ni sus hijos ni su esposa lo consolaron. Más bien lo miraban aterrados. Porque si él (su proveedor, protector, líder, maestro y amigo), era una basura, todos lo eran de algún modo...

La persona que había llegado volvió a tocar la puerta.

Haciendo un gran esfuerzo por activar los músculos paralizados, Farah fue a abrir. Cual zombi alcanzó a decirle al visitante que no era buen momento. Guido se lamentaba como un convaleciente de cirugía mayor. De pronto, sin que hubiese habido señal de peligro, se escuchó una especie de garrotazo seco.

—¿Qué fue eso? —Farah se alarmó.

Tardaron en identificar el ruido. Guido se había golpeado la cabeza con el centro de mesa de mármol macizo. Aún tenía el pesado adorno en forma de mango gigante sostenido con ambas manos. El hombre volvió a golpearse la frente.

Su esposa hizo una exclamación como movida por el miedo que sentiría alguien que ve a un familiar caer de la azotea.

—Dios mío. ¡Qué hiciste!

Su marido tenía el rostro bañado en sangre.

9

LIGADURA ETERNA

—¿Me puedo ir a dormir? —dijo Marco.

—No. Llegaste a las cuatro y media de la mañana. Tú y yo habíamos acordado que regresarías a las una.

—¿En serio, mamá? ¿Vas a volver con lo mismo? ¡Por favor!

—Marco Polo, sé que eres mayor de edad, independiente. Viviste dos años en otra ciudad, lejos de mí. No tengo por qué cuidarte; sin embargo ahorita siento que estás corriendo un gran peligro. Es una intuición. ¡Me preocupas como nunca antes!

—Eres obsesiva —y quiso agregar "pero tienes mucha razón en preocuparte".

—Jamás me había pasado esto. Ahora, por las noches, cuando estás fuera de casa, no puedo conciliar el sueño; pienso que algo malo te sucedió. Veo las noticias y me atormento. En esta ciudad todos los días hay asesinatos, secuestros y accidentes, sobre todo por las noches. No es una exageración. Trato de asegurarme de que estés bien. Reviso la aplicación del celular que muestra dónde te encuentras ¡pero la desactivas! Te mando un mensaje y no contestas.

—Eso se llama *acoso*.

—Cuando llegas a esta hora y te escucho abrir la puerta, respiro hondo, y mi alma descansa al fin. ¡Pero ya no duermo! Así que hoy decidí esperarte. Preferí hablar contigo. Aunque al rato tú te metas a la cama hasta la una de la tarde y yo me vaya a trabajar, como siempre, sin haber pegado el ojo en toda la noche. Hijo, entiéndeme. No sé en qué estás metido. Solo intuyo que te mueves entre personas malas...

—Ya párale, mamá.

Se hizo el ofendido. Fue a la cocina y se sirvió un vaso de agua; regresó haciendo un desplante de autosuficiencia.

—Mi celular se murió por completo. Ya te lo dije. Ahorita tiene treinta por ciento de batería porque le pedí al chofer del Uber su cable para cargarlo.

—Y ¿cómo pediste el Uber si tu teléfono estaba "muerto"? ¿Por telegrama?

Bebió agua. Se atragantó; su tos repentina fue una aceptación de flagrancia. Lo habían atrapado.

—U... un amigo me prestó su teléfono.

—¿Y le cobraron a él tu Uber?

—Sí. Bueno, claro. Le voy a pagar.

—¿Dónde está tu motocicleta?

—Se... se... des... descompuso.

—Eso es imposible. La moto es nueva. ¿Tú crees que soy tonta?

—La moto se descompuso, carajo, mañana voy por ella.

Farah movió la cabeza genuinamente contristada.

—Es increíble... Yo no merezco eso.

—Deja de hacer drama.

—De acuerdo —exhaló con impotencia—, vete a dormir. Pero antes escucha esto. Voy a ser breve —respiró y habló despacio, dibujando palabra por palabra—. Para mí sería más cómodo estar dormida que pelear contigo. Pero salir a recibirte y armar esta faena de concurso, como la llamas, es una forma de decirte y demostrarte que te amo. Soy tu madre, y no lo soy solo porque tenga cicatrices de embarazo en el vientre, sino porque te di a luz *en mi alma*, y junto con tu hermana, eres mi más preciada medalla de honor. Estoy unida a ti no solo en la sangre y en el plano físico, sino en el espiritual; y es una *ligadura eterna*. No sé si puedes comprenderlo, pero yo nunca voy a dejar de amarte, ni voy a dejar de preocuparme por que estés bien, y por que te vaya bien. Podría dedicarme a la música, y continuar la carrera artística que trunqué; podría estar viajando y haciendo presentaciones para satisfacer mi ego, ¿y sabes por qué no lo hago? Porque mi prioridad son tú y tu hermana; quiero que estén bien, que tengan un hogar, y dinero para estudiar; por ustedes me anulo, me invalido, me humillo, me muero si es necesario...

La voz de la madre había sido profundamente dolorida. Como si hubiese argumentado ante un juez que pudiera fallar en su contra la pena de muerte.

—¿Acabaste?

Asintió muy despacio.

Marco se levantó. Su madre se quedó sentada en el sillón de la sala sin saber que había una bolsa de marihuana justo debajo de ella.

Aunque él sintió un poco de pena al verla tan infeliz, pasó de largo.

10

POBRECITA

Entró a su habitación, puso a cargar su celular y encendió la consola de juegos.

En realidad no tenía sueño. El coctel de alcohol y bebidas estimulantes que todavía corría por sus venas, aunado a la adrenalina producida por el encuentro con su madre, le generaba una energía de vigilia total.

Se puso los audífonos y tomó el control inalámbrico. Comenzó a jugar la última versión de *Dragon ball fight*. Las caricaturas de anime saltaban de un lado a otro provocando explosiones aparatosas. Oprimió los botones y movió el control remoto con destreza. Pensaba en voz alta:

—Mi madre está mal, pobrecita. "¡No andes solo por las noches!, ¡que te pueden asaltar!, ¡hay gente mala!, ¡te va a comer el coco!". Pobrecita. Está neurótica; obsesionada en tratarme como niño y seguir siendo mi protectora. También lo hace con mi hermana. Por eso mi papá se hartó de ella. Después del "descalabro" papá siguió viajando y haciendo su trabajo de ciberseguridad y hacker por varios meses más. Un día, ya no volvió. Y mamá se quedó sola en esta casa con mi hermana, y yo me fui a vivir con mis padrinos dos años, pero ella, nunca, durante ese tiempo dejó de perseguirme. Me llamaba por teléfono, me espiaba por Internet, casi creo que hasta mandó poner cámaras de vigilancia en mi cuarto en Monterrey; viajaba hasta allá sin que yo me diera cuenta y pedía informes sobre mí. Ha hecho lo mismo con mi hermana. Marcaje personal. Qué horror. Por eso yo me porto mal con ella; para fastidiarla.

Oprimió con rapidez los botones del control remoto. Sus pensamientos eran tan intensos que no podía concentrarse en el juego. La barra de salud de los personajes había comenzado a menguar, pero su mente no paraba.

—Pobrecita mi mamá. Está mal. Está frustrada. Me reclama porque fui deportista y ahora voy a fiestas, pero ella también dejó de componer y de cantar. No es coherente. No me da buen ejemplo. Quiere que regrese a ser como antes ¡y ella ha dejado de ser lo que era! —Apuró los movimientos del control remoto—. ¡Maldición!

Goku, su *saiyajin* terrícola con más poder estaba a punto de perder toda la energía. Se inclinó para dar un golpe con teletransporte; la pantalla del videojuego emitió estallidos espectaculares. Recuperó la fuerza de Son Goku.

—¿Qué estaba diciendo? Ah, sí. Pobrecita mi mamá. Todos los lunes me deja sobre la mesa de noche un billete para gastos. Aunque no lo necesito porque me sobra dinero con mi negocio, lo tomo, pero no estoy de acuerdo en que, por ese billete, quiera fisgonear mi vida y saber dónde ando a cada minuto. No se da cuenta de que si yo apago el celular es porque no quiero hablar con ella, ¡y no quiero que me rastree!, ¡y no quiero que me ande husmeando el trasero!, carajo... ¡No soy propiedad de nadie y ella no puede comprarme con el billete de los lunes!

¡Tiene que madurar! Maldición. ¡De donde salió este imbécil, Beerus, dios de la destrucción, que me está acribillando!

Siguió maniobrando hasta que perdió a sus peleadores. Arrojó el control. Apagó el televisor y se quitó los audífonos.

En la casa había silencio. Se quedó un rato con la vista al suelo y las manos en la cabeza.

Siguió pensando.

"Karen anda en un campamento de verano. Pero en realidad quiere huir. Un día se despertó y ya no tenía familia. Vivía con un hermano que se había vuelto tendencia en las redes sociales, un padre al que todos veíamos como un pelele, y una mamá aterrada por lo que estaba pasando".

Fue hacia la puerta y abrió despacio. Desde su trinchera, a lo lejos, alcanzó a ver el cabello de su madre, de espaldas, todavía sentada en el sillón donde la dejó. Tal vez esperando los primeros matices del alba.

—Pobrecita —susurró—. Dice que estamos ligados hasta la muerte por una especie de cordón umbilical espiritual, y que yo le hice cicatrices en el cuerpo y en el alma. Qué horror. Está mal, caray. Dice que la forma de demostrarme su amor es esperarme despierta por las noches tronándose los dedos mientras se aterra por los peligros que me acechan. Y se preocupa por mis estudios y por mis malas amistades y se enfurece porque no volví a practicar artes marciales. Pobrecita. Su mayor carga es ser madre. Está dispuesta, como dice, a invalidarse, humillarse, morirse, para ayudar a sus hijos. ¿Morirse por ayudar? ¡Eso es antinatural! ¿Quién dijo que la maternidad es un don divino? En realidad es una maldición, porque despersonifica a la mujer; la hace esclava y servidora, ¡toda la vida!, de otras personas.

Continuó espiándola. Ella se levantó del sillón al fin y miró el reloj de su muñeca. Eran las cinco y media. Entraba a trabajar a las siete. Seguramente iría a su habitación a ducharse. Marco cerró la puerta de su cuarto muy despacio para evitar ser sorprendido.

A su lado derecho había un espejo de cuerpo completo. Se miró con descaro y sintió un escalofrío.

Frente a él vio un monstruo.

Tuvo ganas de vomitar.

De pronto, sin entenderlo, lo invadió una fuerte repulsión hacia él mismo.

Caminó. Se paró frente al espejo, y comenzó a agredirse.

11

MONSTRUO

Habló dirigiéndose a sí mismo repitiendo las palabras exactas que usó su padre para autorrecriminarse:

—Fracasado profesional. Basura en el mundo. Vómito de la sociedad. Tu mamá no te conoce; no sabe nada de ti... no sabe que te corrieron de la universidad hace más de un año, y no por haber reprobado materias, sino por haber reprobado como persona.

Marco Polo había hecho todo lo prohibido: desobediencia manifiesta, falta de respeto a maestros, impuntualidad constante, deshonestidad académica, plagio de artículos, fraude en exámenes, robo de objetos, daño a instalaciones, incluso relaciones sexuales en los baños del edificio administrativo. Creyó que la puerta estaba cerrada por dentro, pero no sabía que le habían tendido una trampa. ¡Otra trampa!

—Imbécil —se dijo—. Te expulsaron del deporte y de la universidad. Eres *non grato* en todos lados. Y tu mamá cree que todavía vas a la escuela. No sabe que sí, en efecto, vas, pero a vender marihuana comestible de alto calibre; claro, te justificas diciendo que no consumes, solo vendes. Pero sí tomas mucho alcohol con bebidas energizantes. Y te sientes como flotando. Enfermo. Confundido. Miserable.

Apretó los puños. No quería ser eso en lo que se había convertido. Nunca lo planeó. Sintió tanta ira contra sí mismo que, de forma repentina, sin pensarlo, dio un fuerte gruñido que le hizo saltar las venas del cuello y le desgarró la garganta al momento en que estrellaba su cabeza en el cristal.

Se escuchó un golpe seco como el chasquido de una rama al partirse. El espejo se rompió en varias direcciones; la esquina superior del vidrio le saltó sobre la frente provocándole una herida sangrante arriba del ojo. El resto del espejo hecho añicos se quedó adherido a la pared. Volvió a golpearse.

Absurda soledad. Maldita soledad. Que me ha tenido aquí, más de lo que debía de soportar.

La música llegó desde la sala. Su madre había optado por tocar unos acordes más, antes de ir a bañarse.

Observó la sangre que le bajaba por su ceja derecha y le enmarcaba el ojo hasta gotear sobre su camiseta y el suelo. Persistía el sonido de la melodía lejana.

Se dejó caer de rodillas sobre el suelo.

Necesitaba volver a hablar con su mamá; quitarse la máscara para mostrarle su debilidad interior... Pero una cosa era lo que necesitaba y otra lo que estaba dispuesto a hacer. No quería que ella se enterara de que su hijo era un ser abominable.

Se frotó la cara con tanta fuerza que parecía estar tratando de borrar sus facciones. Las manos se le llenaron de sangre.

Confesó en un murmullo para sí mismo:

—Yo estoy vivo todavía, gracias a ella. Lo único que me impide aventarme del edificio más alto es justamente ver que mi madre se ha hecho esclava y servidora de sus hijos... por amor... En realidad, lo único que me mantiene en pie es que esa mujer me espere en las noches, y me regañe por llegar tarde, y me hable de los peligros, y diga que soy un samurái, y un guerrero experto en la batalla. Lo único que me da ánimo para vivir es saber que le importo a ella. ¡Y ese billete que deja en su mesa todos los lunes me recuerda que a pesar de sentirme solo, en realidad no lo estoy!

La música de la sala cesó.

Marco Polo permaneció un largo rato postrado; luego se levantó muy despacio. Su fisonomía vista en el espejo roto se entrecortaba por los fragmentos del cristal. Con la cara sangrante, si antes no lo parecía, ahora era inminente: se había convertido en un monstruo.

Fue al baño y se lavó la cara; se puso una venda adhesiva para cerrar la piel abierta sobre la ceja y se cambió de ropa. Sus movimientos fueron lánguidos y erráticos como los de un enfermo.

Luego hizo lo impensable. Buscó su celular y le mandó un mensaje de texto a su madre.

12

P A C T O

Mamá. No quería que te desvelaras 🙁 ✓✓

De inmediato apareció la palabra *escribiendo* en la banda superior de la pantalla. Su madre contestó.

Ntp. De todas formas últimamente no duermo bien. Eso pasa cuando te vas haciendo viejo.

Jajaja. Mami, yo tengo la culpa de todo. De lo que pasó en el deporte y en la casa... Papá se fue por mi culpa. ✓✓

¡No! De ninguna manera digas eso. Tu padre tomó sus propias decisiones.

Yo confiaba en él. ✓✓

Él es un buen hombre. Lo sabes. Solo se equivocó.

> Papá era mi protector, mi maestro, mi amigo. Desde niño yo lo seguía a todos lados. Lo admiraba. Me destruyó. Y a ti también.

> Nadie puede destruirnos, Marco. Tal vez alguien pueda tirarnos, sí, pero nosotros decidimos si quedarnos en el suelo o levantarnos.

El joven se sentó en el piso, dejó a un lado su celular y abrazó sus piernas encogidas sobre el pecho, como queriendo hacerse un ovillo y desaparecer. Pasaron varios minutos. Su madre volvió a tomar la iniciativa.

> Hijo, es momento de aprender de las caídas y salir del hoyo. Sé que estás lastimado...

Él alcanzó el teléfono y tecleó muy despacio.

> No te imaginas cuánto.

Era curiosa la forma en que madre e hijo estaban comunicándose al fin; el chat les permitía desvelar sentimientos que habían mantenido sellados.

> A veces para sanar hay que pelear. Levántate. Reconstrúyete.

> No sé cómo.

Ponte metas cortas. Ve alcanzando una por una.

Se dice fácil.

Déjame ayudarte. 🙏

¿Cómo? Tú no tienes tiempo. Trabajas todo el día.

Podemos platicar por las noches un rato, hijo (pero no tan tarde porfa).

Jajaja

Marco. Estamos juntos en esto. Hagamos un pacto de lealtad y verdad. ¿La mentira nos destruyó? Pues seamos honestos. Que nuestro lema sea: "Nosotros hablamos claro y de frente; arreglamos diferencias y malentendidos comunicándonos sin máscaras, cara a cara y diciendo siempre la verdad; en muchos no se puede confiar, pero en nosotros sí". ¿Qué te parece?

👍 Me gusta el pacto.

Pero el pacto dice "aquí hablamos de frente". No por chat.

Jaja 👍 😁 Tienes razón.

Marco dejó el teléfono en el suelo y salió de su cuarto. Farah ya se encontraba afuera, arreglada para ir a la oficina. Había estado tecleando desde el pasillo. Ya no hablaron. Solo se abrazaron.

Marco descansó por un largo rato en el regazo de su madre.

Balbuceó:

—Tú compusiste una canción que se llama *Mi corazón llora.* Así me siento, ¿sabes?

Ella le susurró la canción al oído, como si estuviese arrullando a su bebé.

 Cariño, me haces falta. No puedo acostumbrarme a vivir sin ti. Y cuando te he extrañado, he intentado convencerme que es mejor así. Me ha lastimado la realidad de que tú no estés hoy aquí. Mas no te dejo de pensar... Solo en mi mente, yo te puedo abrazar.

—Me encanta —dijo el joven separándose—. Se la escribiste a mi papá, ¿verdad?

—Sí.

—Dios mío. —Farah se alarmó al ver a su hijo—. ¿Qué te pasó en la frente?

—Me lastimé.

—¿Cómo?

Quiso inventar una mentira, pero el pacto de honestidad que acababan de hacer se lo impidió.

—Ya sabes.

—¿Te descalabraste tú solo?

Asintió.

Ella volvió a abrazarlo con un gesto de impotencia. Las líneas bajo sus ojos (que se habían convertido casi en un tatuaje de tristeza), se acentuaron.

—¿Por qué, hijo, por qué?

—Fue un arranque tonto... no te preocupes. Estaré bien.

Lo tomó de los hombros.

—¿Te puedo dar un consejo?

—Sí.

—Busca a Dennali.

—¿Qué?

—Su amistad te va a ayudar. Siempre te ayudó.

Él esperaba cualquier consejo menos ese.

—¿Sabes algo de Dennali?

—Ahorita que estaba cantándote, la recordé. No sé por qué. Fue como un presentimiento. Ustedes dos se querían mucho. Supongo que habrán sufrido al separarse. *Cariño, me haces falta. No puedo acostumbrarme a vivir sin ti. Mas no te dejo de pensar... Solo en mi mente, yo te puedo abrazar.*

El joven se asombró de que su madre tuviera ese nivel de premonición.

—¿Cómo sabes que la extraño?

No había habido un solo día en que Marco no hubiera pensado en ella al menos un segundo...

—Búscala.

¿Y si tiene otro novio? Perdimos contacto hace años.

—Búscala.

13

UN PUNTO

Farah se fue a trabajar por fin. Marco Polo se quedó solo en casa.

Eran las seis de la mañana. Todavía estaba oscuro.

En su mente resonaba una y otra vez el consejo de su madre: "Búscala".

Su respiración era rápida y acezante.

Tomó el celular, buscó a Dennali entre sus contactos antiguos y la desbloqueó. En las fotos actuales se veía más delgada que antes. Admiró ese mentón cuadrado tan parecido al de su mamá. Muchos de los que veían a Farah y a Dennali juntas llegaban a pensar que eran madre e hija.

Ahora la foto de perfil de Dennali en Facebook era una patada al frente espectacular en la que levantaba la pierna derecha a la altura del rostro de su contrincante. En sus imágenes ya no existía Marco Polo. Había eliminado todas las fotos de él. En cambio, aparecía con amigos, ganando competencias, siempre elegante, siempre sonriente, pero al parecer sin otra relación amorosa.

Abrió las notas de voz, entrecerró los párpados y comenzó a grabar un mensaje para ella.

—Dennali... Mi Linda Lee. Solo yo te digo así. Linda Lee. Tenemos nuestras claves. Nuestros secretos. La última vez que te vi fue en la Confederación donde me expulsaron. Parecías asustada. Qué digo asustada, estabas aterrorizada. Porque al atacarme a mí te atacaban a ti. Éramos pareja. Y te estabas enterando de cosas que no sabías de mí. Se suponía que nos conocíamos bien. No había secretos entre nosotros. Por eso esperé que me buscaras, que me pidieras explicaciones y trataras de averiguar la verdad, pero no lo hiciste. Guardaste silencio. Tu silencio me mató... Les creíste a ellos; a los que me acribillaron; quisiste limpiar tu nombre alejándote de mí. No te culpo. Yo era un apestado. Después de varios días enviaste un mensaje simple: "¿Estás bien?". Yo no te contesté. Te bloqueé de todas mis redes. Comencé a andar con otras mujeres y a portarme mal. Pero te he extrañado mucho. No ha habido un solo día en el que no haya pensado en ti al menos un momento. Eras mi energía y ahora vivo debilitado. Eras mi luz y ahora vivo apagado...

Guardó silencio. Manipuló el teléfono para reproducir el mensaje que había grabado. No le gustó. Su voz sonó insegura y el mensaje atrevido. No pudo enviarlo. Borró la grabación. Tenía que ser más cauteloso.

Entró al inbox de Dennali y puso un punto. Solo un punto.

Lo envió.

—Un punto no dice nada —razonó—. Pero dice mucho.

Se quedó mirando el celular. Ella no contestó. Fue al WhatsApp. Repitió el mensaje. Un punto. Nada. No hubo respuesta.

Levantó la guitarra recargada en la pared. Con gesto desolado comenzó a practicar acordes que antes dominaba.

Mi corazón llora.

Grabó la canción.

Al terminar se quedó pensando. Si Dennali estuviera en ese cuarto, él le cantaría. A ella le fascinaba escucharlo tocar la guitarra y cantar. Pensó: "¿Por qué tengo que ser más cauteloso? Antes yo era atrevido".

Esta vez no lo pensó. Ni siquiera se cercioró de que la grabación hubiera quedado bien. La envió. Se puso de pie. Dio varias vueltas tronándose los dedos. No recibió respuesta.

Era inútil. Dennali no quería contestarle.

De pronto se sintió exangüe. Estaba agotado física y emocionalmente. Se llevó la mano a la cabeza. Tenía un enorme chichón. Ese día había conocido lo que se siente el frío del cañón de una pistola en la nuca y ser golpeado con la cacha. También fue testigo de cómo una jovencita que iba delante de él, al momento de los empujones, caía al suelo y era aplastada por toda la marabunta. No podía olvidar los gritos de la chica y la a sensación de angustia.

Seis meses atrás entró al mundo de vender marihuana por diversión y negocio. Había creído que había drogas malas y no tan malas, y se convenció de que jamás se metería con las malas. En su ingenuidad supuso que hacer esa división lo eximía de muchos riesgos, pero acababa de aprender que todo lo ilegal estaba conectado; que sus proveedores de hierba quisieron obligarlo a cargar cocaína, heroína, crack y éxtasis, y que, para la policía, todos los vendedores, incluso él, eran catalogados como narcotraficantes.

Debía deshacerse de la marihuana que estaba escondida debajo del sillón. Tenía que pensar cómo.

Fue a su cuarto y se tiró en la cama sin quitarse la ropa.

Soñó que iba a recuperar su motocicleta, pero cuando se montaba en ella y arrancaba, salían de un escondite decenas de policías para detenerlo. Soñó que escapaba y manejaba sintiendo el viento en el cuerpo, abrazado por una mujer que iba con él. Dennali.

Despertó a las dos de la tarde. Se metió a la ducha todavía amodorrado.

Escuchó el sonido de una notificación en su celular. Tomó la toalla para secarse y revisó el teléfono.

Abrió mucho los ojos y comenzó a hiperventilar.

En la pantalla había una sola palabra con todas las letras mayúsculas.

HOLA

Era Dennali.

Se puso a brincar de alegría.

Respondió con una carita sonriente.

☺ ✓✓

Ella volvió a escribir.

¿Cómo has estado, Marco Polo?
Hace mucho que no sé de ti.

Escribió a toda prisa que estaba despertando apenas (aunque iban a dar las tres de la tarde), y quiso ligar el mensaje con la analogía de un despertar moral: se había reencontrado con su madre, había percibido su conducta abominable, y había entendido que quería retirarse de todo negocio ilegal. Pero por más que escribiera, Dennali no iba a comprender. Mejor sería hablar con ella de manera personal. Así que borró todo el texto y puso el sticker de un amanecer. Ella contestó.

> Ya veo que no quieres platicar conmigo, Marco.
> Está bien. Fue un gusto saludarte. Hasta luego.

Se quedó aturdido, sin saber cómo pedirle una oportunidad para hablar. Escribió.

> Necesito verte. 🙏 ✓✓

Ella respondió:

> ¿Y eso? Has jugado a bloquearme y desbloquearme de las redes por años.

> Quiero explicarte. 🙏 ✓✓

> Demasiado tarde. Me gustó tu canción. Por eso te contesté. Pero dejemos las cosas así. Abrazos. Cuídate.

> Espera, Linda Lee. ¿Todavía entrenas los sábados en el Parque Naucalli? ¿Te puedo ver ahí? ✓✓

> No. Bye.

14

CUERVO

Marco Polo salió de casa y fue por su motocicleta.

Iban a dar las seis de la tarde.

Esperó que la ciudad (una de las más grandes del mundo) estuviese menguando en su ciclópeo mecanismo de actividades para aparecerse por la zona de desastre del día anterior.

La motocicleta seguía estacionada donde la dejó. No quiso tomarla de inmediato. Antes exploró si no había policías a la redonda y se detuvo en la puerta del bar.

El inmueble tenía enormes sellos de suspensión. Estaba cerrado.

Tal vez en la parte de atrás, por la salida de emergencia, pudiera acceder para averiguar qué había pasado.

Le dio la vuelta a la cuadra y llegó a la puerta de servicio. Frente a ella se encontraba un desconocido.

—Buenos días —lo tuteó con seguridad fingida—, ¿puedes ayudarme?

—No creo. ¿Qué necesitas?

Le sorprendió la precaución del sujeto, como si se

anticipara a rehusar cualquier tipo de responsabilidad.

—¿Trabajas aquí?

—Sí, claro, soy velador. Hago mi chamba y punto. Veinticuatro por veinticuatro. No me meto en broncas.

El hombre era un vigilante rústico, de esos que llegan de provincia buscando emplearse de lo que sea y a quienes las compañías de seguridad privada les enfundan un uniforme sin siquiera capacitarlos.

—Ah. Muy bien —simpatizó Marco—. Fíjate que ayer en la noche estuve aquí; olvidé el estuche de mis lentes sobre la barra... ¿Puedo pasar a buscarlo?

—¡No! ¿Ya viste que pusieron sellos? Nadie puede entrar. Ni yo. Me dejaron afuerita mientras llegan los dueños con abogados y peritos y no sé qué más gente.

Marco sintió que un aire de temor le cristalizaba la piel.

—¿Cuándo pusieron los sellos?

—En la madrugada, creo. Yo recibí mi turno después.

—¿Qué pasó anoche? Me fui temprano.

—¿Neta? ¿Estuviste aquí y te fuiste temprano? Pues qué suertudo eres, canijo. —Parecía ansioso de divulgar noticias que solo él sabía—. Dicen que estuvo bien feo. Hubo un operativo de la policía. Agarraron a varios güeyes con droga. Éxtasis. Cocaína. Crack. Algunos la traían para metérsela, pero parece que también pescaron al que la vendía.

—¿De veras? —Marco comenzó a sudar—. ¿Cómo sabes?

—Dicen que el maldito echó una bomba de gas y que traía armas en su morral. Hubo hasta balazos. La gente corrió y unos se cayeron y los pisaron. Llegó la Cruz Roja y los bomberos y un chorro de policías. Hubo varios jóvenes heridos.

Marco Polo alzó las cejas revelando su asombro y preocupación.

—Qué terrible —murmuró moviendo las piernas como dispuesto a correr—. Pues gracias, amigo. Luego vengo a ver si encuentro el estuche de mis lentes.

El guardia adivinó que Marco estaba implicado en algo turbio. Lo despidió.

—Cuídate. Andan por aquí.

Corrió de vuelta a la entrada principal y echó un vistazo para todos lados. Se acercó cauteloso a la motocicleta. ¡Cómo le gustaba la combinación de colores negro con amarillo! Era un vehículo poderoso. El sueño de todo joven. Valía más que un auto. Estaría siempre agradecido con sus tíos de Monterrey por habérsela obsequiado. Esperaba que su pesadilla no fuera una premonición y la policía no le hubiese puesto algún tipo de inmovilizador o (peor aún) que hubiera un agente esperando que el dueño apareciera.

Nada de eso. Montó al vehículo y arrancó a toda prisa.

Cuando llegó a su casa se encontró con la sorpresa de que alguien lo estaba esperando en el garaje.

El Cuervo.

—Qué onda, Marco. ¿Ya fuiste por tu moto?

El proveedor de sustancias prohibidas parecía más impaciente de lo habitual. Volteaba para todos lados. Marco Polo se puso tenso; temió que estuviera ahí para darle a guardar la droga que no quiso recibir la noche anterior y que por no aceptarla recibió un cachazo en la cabeza.

—Sí. —Marco terminó de estacionar la motocicleta y saludó—. Qué bueno verte, Cuervo. Pensé que te habían detenido.

—Casi. Apenas pude escapar. Pero agarraron al Raro.

—Sí. Lo vi. Los policías lo tenían con las manos levantadas contra la pared; a él y a muchos.

El Cuervo se acercó a Marco para hablarle en secreto.

—No lo dejaron ir porque él traía el paquete. ¿Te acuerdas del paquete que te di a guardar a ti y que tiraste dos veces? —Su timbre de voz sonaba a felicitaciones—. Pues él lo traía.

—Qué mal —dedujo—, valía mucho dinero; seguro se lo quitaron.

—Sí, qué mal. Pero la tira ya se dio cuenta de que somos un grupo grande, vendemos de todo y tenemos armas. Van a torturar al Raro para sacarle nombres.

—Oh —otra vez estaba ahí, estrangulándolo, la impresión de peligro descontrolado—. Gracias por venir a prevenirme, Cuervo. Voy a cuidarme.

—No vine a eso. —Se le acercó mucho llevándose la mano derecha al interior del saco en señal de que portaba un arma—. Vine a preguntarte qué sabes tú. ¿Sabes cómo me llamo? ¿Me has visto con alguien más?

—Ah. —Dio un paso atrás—. No tengo la menor idea de cómo te llamas en realidad. —Aunque sabía que se llamaba Fermín Martínez Ojeda y organizaba a los vendedores en el cantabar del circuito universitario—. Ni sé quiénes son tus amigos.

—¿Puedes identificarme en fotografías?

—No. En lo absoluto. Soy pésimo para recordar rostros.

—¿De dónde sacas la hierba para tus empanadas?

—La consigo en un mercado del centro. No tengo un distribuidor.

El Cuervo le agarró una oreja enterrándole las uñas y se acercó a su mejilla.

—Contestaste bien. Si te llegan a preguntar, no te equivoques en las respuestas.

—Cuenta con ello. No me voy a equivocar. Pero además —se atrevió a decir algo que podía causarle problemas—, yo ya decidí salirme de este negocio. No voy a ser más tu cliente.

—Uy, eso está difícil. Hasta los pequeños vendedores, para salirse, deben pagar una indemnización.

—¿De qué hablas? Yo no te debo nada. Siempre te he pagado por adelantado. Déjame en paz —y añadió—: por favor.

—Ya veremos.

Entró a su casa con gran angustia. Sacó la bolsa de marihuana que estaba escondida debajo del sillón. Fue al excusado y la tiró. Jaló la cadena. Se quedó mirando cómo se iba dando vueltas por el drenaje.

En ese momento entró un mensaje a su celular. Con temor abrió la pantalla.

Había un texto escueto.

Próximo sábado. 8 A.M., mismo lugar de siempre.

Era de Dennali.

15

VENCERÉ

Dos días después.

Marco Polo llegó al parque Naucalli vestido con ropa deportiva. Hacía mucho tiempo que no se ponía tenis. Como sus *pants* de cuando fue campeón de artes marciales le quedaban apretados, tuvo que comprarse unos nuevos. Los eligió amarillo con franjas negras, como su moto.

Dennali llegaría en cualquier momento.

Se colocó sobre la pista de arcilla donde entrenaban decenas de corredores. Estaba muy nervioso. La ansiedad le despertó deseos de ir al baño. No podía entrenar con la vejiga llena. Fue hasta los servicios junto a la explanada, donde al menos cincuenta señoras hacían ejercicios en la macroclase de zumba que dirigía un maestro muy apasionado. Se entretuvo viendo el baile de tantas mujeres arrítmicas.

Cuando salió del sanitario miró hacia el punto de encuentro y sintió la sangre galoparle por la cabeza. Allí estaba ella. Su primera y única novia real. Hacía estiramientos y miraba el reloj.

Marco regresó al baño con rapidez para echarse agua al

cabello y acicalarse el cuello de la playera. Cuando volvió a salir, Dennali ya había comenzado a correr.

Quiso alcanzarla. Le llevaba unos cien metros de ventaja. A los pocos minutos sintió tanto sofoco que desistió. El circuito tenía dos kilómetros. A ella le tomaría menos de nueve minutos regresar al punto de partida. La esperaría.

Dennali corría a un ritmo de equilibrio sostenido sobre la pista de arcilla, concentrada en su respiración.

Disminuyó un poco la zancada y habló entre dientes:

—Marco Polo es un enigma. Después de tantos meses de silencio, el jueves pasado me manda un punto. Solo un punto —retomó la cadencia rápida—. Y después hace algo extraño. Se graba cantando *Mi corazón llora* y me envía la grabación. Entonces le contesto "hola" y él responde con una carita sonriente. Insisto "¡qué milagro!" Y él me pone el *sticker* de un amanecer. ¿Cómo se le ocurre? Después de tanto tiempo sin vernos, me manda simbolitos tontos. ¿Quién inventó los emoticones? Si ya de por sí la gente es perezosa para razonar y para escribir. ¡Nadie usa el cerebro! Muchos ni siquiera saben el alfabeto porque jamás han buscado una palabra en el diccionario. La gente no lee libros. No memoriza números. No sabe usar un mapa. No conoce los puntos cardinales. No sabe multiplicar ni dividir ni sumar. No tiene cultura básica. Todo se lo preguntan al celular. Vivimos en una civilización de ignorantes con teléfonos inteligentes. A los viejos les puede dar demencia senil, por la edad. Y a los jóvenes les da demencia juvenil por el celular. ¡Caritas sonrientes, solecitos y dedos con el pulgar arriba! Es el colmo. ¿Qué le pasó a Marco Polo? Hace cuatro años éramos los líderes del equipo. Los más aguerridos y respetados. Y el equipo tenía una identidad única. La mamá de Marco compuso el himno del equipo ¡y todos la cantábamos en entrenamientos y reuniones!

Disminuyó la velocidad. Recordó la letra.

 Hoy ha llegado el tiempo esperado. Semanas, días y meses me he esforzado. Y aunque en el camino me he tropezado, me he levantado. Lo he decidido: la victoria tendré. Pase lo que pase no me detendré. Cada obstáculo derribaré. Todos mis miedos aplastaré. Todos mis sueños lograré. La victoria tendré. Pues con todas mis fuerzas yo pelearé.

Aunque la canción era triunfalista, evocarla le provocó una sensación de fracaso. Fue vetada. Ya nadie la cantaba. Ella misma apenas recordaba la letra.

No lograba concentrarse en el entrenamiento. Tampoco en sus reflexiones. Miró el celular buscando algún mensaje de Marco Polo. Nada. En el chat de su amigo solo estaba su manita del jueves. Quiso salir de la pista, pero lo hizo sin apartar la vista del celular y tropezó con la guarnición de concreto. Cayó de bruces aparatosamente; su teléfono voló. Alcanzó a detener el golpe con ambas manos.

—¡Caramba! —Resopló y se quedó unos segundos en el suelo preguntándose por qué estaba tan irritada; había llegado a ese sitio con la esperanza de reencontrarse con alguien que marcó su vida. ¡Tenía tanto que reclamarle, tanto que discutir con él, tanto que descifrar!

Se puso de pie. Sacudió sus rodillas, recuperó el celular y volvió a trotar.

Completó el circuito. Al acercarse al punto de partida

notó que justo ahí, en medio de la pista, había un joven de espaldas anchas y brazos gruesos como de forjador.

—¿Marco Polo?

—Sí.

—¡Que repuesto te ves! ¿Hiciste pesas?

—Más bien no hice nada... embarnecí. O como dirían mis amigos, *empuerquecí*.

Dennali era una mujer delgada. Marco, mucho más alto, ahora podía parecer su guardaespaldas.

—Quedamos en entrenar juntos —dijo ella—; llegaste tarde. Ya te llevo una vuelta de ventaja.

—Llegué a tiempo. Solo que fui al baño. Vi cuando echaste a correr. Te seguí y no te alcancé. Hace mucho que no hago ejercicio.

—¿Trotamos?

—Caminemos mejor —sugirió él—. Para que podamos hablar, y evitemos que me dé un infarto masivo.

Avanzaron.

—Tu chaqueta tiene la etiqueta del precio colgando por atrás.

—Oh —estiró la mano para desprenderla—, quería presumir que lo compré en oferta.

—Te puedes poner en forma otra vez. Yo te ayudo.

—La verdad, no lo creo; el deporte ya no me interesa. Solo vine porque tenía curiosidad de verte.

—¿Curiosidad? —Ella se detuvo. Dio una vuelta sobre su eje en un acto de sarcasmo—. Listo. ¿Satisfecho?

—Eres preciosa, Dennali. Pero sigue entrenando. No quiero estorbarte.

—¡Claro! Cambiaste nuestro himno *Venceré*, por *No quiero estorbarte*.

La ira contenida de la chica estaba a punto de convertirse en juegos pirotécnicos.

—Esto no va a funcionar —murmuró Marco encendiendo la mecha del polvorín—, yo creo que lo mejor es que cada uno siga por su camino. Fue un error venir —había barreras infranqueables que iba a ser casi imposible romper—. Nos vemos otro día —y caminó de vuelta al estacionamiento dejándola en ascuas.

—¿Tu corazón llora? —ella levantó la voz—. Qué bonita canción. Pero es pura falsedad. Como todo lo que viene de ti.

Marco Polo se detuvo en seco. El reclamo le dolió como hierro fundido sobre la piel. Regresó con actitud beligerante.

16

POCO HOMBRE

Se miraron frente a frente parados en medio de la pista. Antes fueron la pareja perfecta, ahora eran dos perfectos desconocidos.

Algunos corredores pasaron rozándolos y gritando que no estorbaran.

—Tú también lo creíste, ¿verdad? —reclamó Marco—. ¿Creíste que soy un tramposo?

—A ver. Cuando te crucificaron traté de ayudarte a reivindicar tu nombre. Te defendí públicamente.

—¿Cómo?

—Escribí una carta a la Federación Internacional. Yo sabía que lo que decían de ti no podía ser cierto. La carta me hizo tu cómplice, y perjudiqué aún más a la escuela de mi papá. Pero tú te escondiste, como se esconden los criminales. Y al esconderte le diste a entender al mundo que toda la mierda que dijeron de ti era verdad.

—Pues no lo era —protestó con extenuación—, al menos no toda.

—Fuiste acusado de faltas graves. También sancionaron a nuestro equipo.

—Lo siento.

—¿Lo sientes? ¿Y ya? Me debes al menos una explicación.

—Tú sabes lo que pasó. Mi papá es experto en tecnología cibernética, y siempre tuvo una obsesión por ayudarme, *de más*.

—Continúa.

—Cuando yo era niño, él se metió a los archivos del Gobierno y me fabricó documentos falsos. Luego estuvo encargado de los sistemas deportivos y movía las puntuaciones. A una mentira se le sumaron otras. —No quería entrar en detalles—. Mi padre es un maestro. Y yo lo imité. Los hijos hacemos eso... Imitamos.

—Ya veo. Al igual que tu maestro, huiste, y dejaste sola a tu familia.

—Quería hacer borrón y cuenta nueva en mi vida.

—Y en ese borrón me incluiste a mí.

—Traté... pero no pude... Siempre te recordaba.

—¿Y por qué nunca me llamaste? Aquí las cosas se pusieron feas. La escuela de mi papá fue suspendida por las autoridades. Nos llegaron demandas legales. Un tiempo de oscuridad. La gente nos perseguía, nos insultaba. Al mismo tiempo, la salud de mi mamá empeoró; la esclerosis contra la que había luchado por años le impidió respirar y deglutir; comenzó a tener dolores terribles. Te mandé mensajes para que vinieras a verme y me ayudaras a entender, o al menos para que me dejaras llorar en tu hombro. Éramos novios. Pero sobre todo éramos amigos. Los mejores amigos. Al menos es lo que yo creía. Y me bloqueaste. ¡Me bloqueaste, infeliz! —Le pegó en el pecho con las manos abiertas—. ¿Por qué hiciste eso?

—El reclamo fue tan fuerte que algunos corredores disminuyeron la velocidad para mirarlos—. ¡Mi mamá tuvo una larga agonía! —Bajó la voz profundamente contristada—. Lo único bueno fue que tu madre, Farah, estuvo con nosotros hasta el final.

Marco Polo entendió que mientras él vivió una caída en espiral, las personas que lo amaban vivieron otro tipo de tormentas, quizá peores.

—Supe que murió tu mami, y que la mía estuvo con ella en sus últimos momentos.

—Sí. —Dennali apretó los labios y desvió la mirada; hablar del tema era como hurgar en una herida que no había terminado de sanar—. Tu mamá maquilló y vistió el cuerpo de la mía. —Marco se imaginó la escena sin poder evitar un repeluzno—. En el sepelio, lloré mucho abrazando a Farah. Le confesé que mi vida se había devastado, como la de ella, cuando tú te fuiste. Que eras el amor de mi vida y no entendía lo que te había pasado. Ella me acarició la cabeza y lloró conmigo.

Marco torció los labios en un gesto de autoreproche. ¿Por qué nunca pudo convertirse en el hombre que Dennali necesitó?

—Mi Linda Lee... —Ella se turbó al escucharlo llamarla así; era un mote cariñoso que Marco Polo le había puesto años atrás jugando a que él era Bruce Lee y ella, su bella e inteligente esposa Linda Lee—. ¿Tú crees que podamos volver a ser los amigos que fuimos?

—Me abandonaste. Te esperé dos años.

—¿Dos?

—Sí. Después tuve otro novio. Acabo de terminar con él.

—Poco hombre.

—¿Cómo?

—Eso es lo que soy.

Otro deportista les pasó rozando.

Ella caminó hasta la banca junto al sendero, obligándolo a seguirla.

Le preguntó:

—¿Qué te pasó en la ceja?

—Me golpeé.

—¿Cómo? ¿Por qué?

Recordó el pacto que hizo con su madre: *nos comunicamos de frente y decimos siempre la verdad.*

—El jueves en la madrugada, mirándome al espejo sentí asco. Entendí que era un monstruo y me azoté contra el espejo.

Ella abrió la boca deliberadamente para expresar su asombro.

—No puedo creerlo —movió la cabeza enojada y frustrada—, ¡es verdad! Dios mío... Estás imitando a tu papá. Él hizo lo mismo. Yo lo vi. No se me olvida la escena.

—¿Tú lo viste?

—La noche del gran escándalo en la Confederación fui a tu casa. Necesitaba platicar contigo. Entender lo que había pasado. Buscaba explicaciones, pero sobre todo buscaba un momento para abrazarte. Toqué a la puerta y nadie me abrió. Lo hice tres veces. Al fin tu mamá salió. Tenía la cara desencajada. Me dijo que no era buen momento para visitarte. Entonces se escucharon los gritos de tu hermana; Farah corrió al interior; entré detrás de ella. Entonces lo vi. Tu papá se había golpeado la cabeza con una pieza de mármol. Parecía drogado con la cara hacia arriba, quejándose... Karen lloraba, tu madre, histérica, iba de un lado a otro. Tú estabas como ido, paralizado; había sangre por todos lados. Observé una botella de tequila casi vacía sobre la mesa. Retrocedí. Caminaste hacia mí y me cerraste la puerta en la nariz. Fue traumatizante. Ahí comprendí que estabas en un problema más complejo del que pensé y que no querías verme.

—Mi Linda Lee, recuerdo que había una visita en la puerta, pero ni siquiera la miré a la cara. Solo cerré.

—Dime una cosa, Marco. Ayer, cuando te golpeaste, ¿también estabas borracho?

—No. Ya te dije. Fue un arranque de rabia.

—¿Contra ti?

—Sí, Linda Lee. Mi papá me enseñó a hacer trampa en los juegos; a quedarme con objetos que no eran míos; a prometer una cosa y hacer otra. Decía que eran estrategias de guerra, y citaba a Maquiavelo y a Sun Tzu. Yo quise combinar lo que me enseñó él con lo que nos enseñó tu padre en el *dojo*. Pero no pude. Fue una bomba que me estalló en la cara. Y sí. Me convertí en monstruo.

Ella asintió muchas veces, como si de pronto hubiese descubierto el hilo secreto que sostiene los aparatos que hacen levitar a un mago.

—Ahora lo entiendo todo.

17

LISTA NEGRA

Después de tirar la marihuana por el excusado y recibir la invitación escueta de Dennali para encontrarse con él, Marco jugó videojuegos y esperó a que su mamá llegara.

Cuando Farah apareció, lo encontró en la cocina. Había preparado un plato de atún con mayonesa, café y pan tostado.

—¿Qué haces, hijo?

—Cena. Es muy sencilla; discúlpame, soy mal cocinero.

(Omitió decir que solo era bueno para hacer en el horno "pasta soñadora" y rellenar empanaditas).

—No lo puedo creer. —El rostro de Farah se había iluminado—. Gracias, de verdad.

—No es para tanto.

Se sentaron a comer. Bromearon, platicaron de tonterías, hasta que ella comentó:

—Vi que ya está tu moto aquí. ¿Qué tenía?

¡Cómo le incomodaba el pacto de decir siempre la verdad!

—Nada. —Carraspeó—. No estaba descompuesta.

—¿Entonces, dónde la dejaste?

Se armó de valor.

—Tuve que abandonarla en la calle porque hubo un problema.

Ella suspendió en el aire el tenedor con alimento que se llevaba a la boca.

—¿Qué problema?

Ya no podía recular. Así que lo dijo:

—Hicieron un operativo antidroga en el bar y se armó un enorme alboroto. Mucha gente se estaba amotinando justo donde yo tenía la moto estacionada. Como lo vi peligroso, la dejé y decidí recogerla después.

Farah bajó el cubierto al plato y ladeó la cabeza en señal de incredulidad.

—No estarás involucrado en algún problema de drogas, ¿verdad?

El pacto de honestidad resultaba utópico. Era imposible decir siempre la verdad.

—Claro que no, mamá —mintió—. Claro que no.

Farah siguió comiendo, embebida en sus cavilaciones. Luego preguntó:

—¿Buscaste a Dennali?

—Sí. —Sintió apetencia de darle pormenores—. Después de que te fuiste a trabajar, la desbloqueé de mis redes y le mandé un punto, como señal de vida. A ver si contestaba. No lo hizo. Entonces afiné mi guitarra y le canté *Mi corazón llora*. A las pocas horas respondió. Me invitó a correr al parque el próximo sábado.

—¿De verdad? —Su alegría era legítima—. No sabes el gusto que me da. ¡Yo quiero mucho a esa chica!

—¿Crees que se interese por mí, después de tanto tiempo?

No quiso darle falsas esperanzas.

—Eso depende de ti.

—¿Cómo?

—Piensa. ¿En qué consiste la química del amor? ¿Por qué dos personas se enamoran? ¿Qué hace que un hombre sea atractivo para una mujer y viceversa?

Aunque ella tenía en mente la respuesta, obligó a su hijo a contestar.

—¿El deseo sexual?

—Sí, pero no nada más. Dos personas se cautivan solo cuando perciben que pueden recibir un beneficio mutuo. Es así desde la prehistoria. Un hombre que no tiene nada que dar, no será atractivo para ninguna mujer.

—O sea que, según tú, los ricos son más atractivos —rio—. Billete mata carita.

—En lo absoluto. No es lo que *tiene* la persona lo que la hace atractiva, sino lo que *tiene* y está dispuesta a *dar*. El amor verdadero se nutre por un intercambio equilibrado de valores. Tú no puedes estar con alguien que se la pasa quitándote todo. Solo amarás a la persona que te dé algo a cambio de lo que tú le das. Amar es dar. Y recibir. En equilibrio. Imagínate a una mujer que se casa y recibe todo de su marido, una mansión, viajes, regalos, lujos, tiempo, caricias, ayuda sin límites; pero ella, a cambio, se la pasa descansando, enfadada, gruñendo y exigiendo que le den más... ¿Qué pensarías?

—Que es una oportunista, interesada.

—¡Exacto! ¡Lo mismo al revés! Para amar hay que dar. Ese es el TRATO del que habla Eva en su libro.

—Me estás diciendo que para que Dennali voltee a verme otra vez, debe percibir que aún puedo darle algo —Farah asintió con una sonrisa discreta—, pues estoy perdido.

—No estás perdido, Marco Polo. Tienes mucho que ofrecerle. Acuérdate: ella era demasiado estricta consigo misma, estresada, disciplinada, preocupada, y tú la hacías reír, la relajabas, la ayudabas a tomar la vida más a la ligera. ¿Te acuerdas? Vuelve a hacerlo.

—Mírame. Me he convertido en un amargado.

—Pues haz un cambio. Por fuera y por dentro. Empieza por tu físico, no me lo tomes a mal, pero con ese cabello y esas barbas pareces pandillero. Luego trabaja con tu corazón. ¿Dijiste que está roto? Pues pégalo. ¿Recibiste dardos de ofensas y traiciones? Pues arráncate esos dardos y desinfecta las heridas.

—¿Cómo?

—Perdona a quienes nos dañaron.

—¡Me lo dices otra vez! Yo nunca voy a olvidar lo que hizo mi papá.

—Perdonar no es olvidar. Perdonar es aceptar las pérdidas y renunciar a vengarse.

—Mamá, no puedo hacer eso. Odio a mi padre. Y me gustan mis barbas y mi pelo.

—Entonces, hijo, no sé cómo te vaya con Dennali el próximo sábado.

—Me has amargado la noche.

Durmió mal.

Sin embargo, al día siguiente se levantó temprano, fue a la barbería, se rasuró y se cortó el cabello. También se compró ropa deportiva. Después visitó la universidad, no para vender empanaditas sino para tratar de reinscribirse. Fue rechazado, primero porque las fechas de inscripción habían caducado, y segundo porque él desconocía (y se enteró de ello) que las escuelas particulares manejan una "lista negra" de alumnos y empleados conflictivos. Cuando un estudiante es expulsado por faltas graves, o cuando un empleado se va causando problemas laborales, los directivos de la escuela particular suben los datos de la persona problemática a una base de datos a la que los directivos de otras escuelas tienen acceso, provocando que en el futuro a ese alumno o empleado se le niegue la entrada de manera "inexplicable" en todos lados.

Acudió a tres universidades privadas más y el resultado fue el mismo. En la última encontró clientes que le pidieron empanadas. Contestó que estaba en espera de materia prima y que por lo pronto había suspendido el negocio.

18

HARAKIRI

—A ver, Marco Polo. —Dennali respiró y entrecerró los ojos tratando de interpretar una teoría que parecía confusa y luminosa al mismo tiempo—. Déjame razonarlo. Tenme paciencia. Lo que a ti te pasó es lógico. Mira. Vivimos en una cultura de mentiras; hemos heredado prácticas tramposas de generación en generación. Nuestros ancestros, padres, abuelos, bisabuelos, tatarabuelos, sufrieron injusticias y engaños. Así que se hicieron engañadores también. Ahora casi todos alrededor buscan la forma de ganar dinero o posición social timando y estafando. Coexistimos con esa sociedad farsante, calumniadora, traicionera. Pero hay algunas personas que no se adaptan. Son los salmones reales del mundo. Los que van en contra de la corriente social buscando a toda costa llegar a la cima de la montaña por una ruta de honor, sorteando depredadores y cascadas. Tú eres así. A ti no te gusta el engaño. Por eso abrazaste con tanta pasión la filosofía del *dojo*: cortesía, integridad, perseverancia, autocontrol y espíritu indomable. Cuando el fraude que te incriminaba salió a la luz, no pudiste soportarlo. Renunciaste a defenderte y a vivir, como renunciaban los antiguos guerreros japoneses que habían perdido el honor.

Tu problema es que decidiste hacerte el *harakiri* de manera lenta.

Marco Polo asintió.

—Lástima que ya no se usan las bayonetas para el *harakiri* instantáneo.

Dennali sonrió con tristeza. Le acarició el brazo.

—Tienes el poder de decidir estar bien. Decide levantarte, decide avanzar. No vivas hoy como si fuera el último día de tu vida. Vive como si fuera el primer día de una nueva etapa en tu vida. Decide ya.

—¿Te sabes de memoria *La decisión*?

—Ese libro lo escribió mi madre, porque ella era quien tenía el don de redactar. Pero las ideas no son de ella. Al menos no todas. Son de mi padre. Son de nuestra escuela. Tú recibiste esa instrucción cuando entrenabas con nosotros. ¿Ya no te acuerdas? Claro que después mi mamá tradujo toda esa filosofía en un libro de divulgación que se hizo famoso y se convirtió en una guía para muchas otras personas.

Marco estaba abrumado.

—Es frustrante tener la capacidad de decidir y no saber qué decidir.

—La frustración es el inicio del progreso.

No entendía cómo podía ser bueno sentirse tan mal.

—Desde niña eres intelectual —le dijo como reclamo—. Por eso a veces también te decía "mi erudita Linda Lee". Cuando te declaré mi amor a los dieciséis años en este mismo lugar, me diste una cátedra sobre lo fácil que es decir *te amo* y que todos pueden hacerlo. Comentaste que pronunciar palabras no significa nada. Que amar es un *trato de hechos*; y si el que dice *te amo* no cumple los *hechos del trato* en realidad no ama, o algo así.

—Tienes muy buena memoria.

—¡Me pusiste como condición que hiciéramos ese *trato*! Yo me encogí de hombros. Te dije que haría lo que me pidieras. Entonces me diste el libro de tu mamá (quiero decir, de tu escuela) para que lo leyera. Y ahí se perdió la magia, porque en esa época a mí no me gustaba leer.

—¿Y ahora?

—Tampoco. ¡Ya nadie lee libros!

—Estás equivocado, amigo —defendió como lo haría la hija (y admiradora) de una escritora—. Los libros son la fuente de progreso del mundo... son la raíz de la humanidad. Cualquier sistema, película, video, obra de teatro, filosofía, estrategia, lo que sea, primero se escribe en un libro. Pero la gente ya no lee porque se la pasa pegada al celular. El teléfono succiona la voluntad, las emociones y los pensamientos de las personas. Algunos tipos patéticos ya ni siquiera llaman o escriben cartas, mucho menos se hacen presentes ni tocan la puerta de otros para hablarles de frente. Solo mandan memes, postales y emoticones. Caritas sonrientes y manitas levantando un dedo. Ah, y puntos. Puntos solos. Sin más explicación.

—Tipos patéticos. Eres dura.

—Eso y más te mereces.

Comprendió con profunda tristeza que no tenía nada que ofrecerle. Estaban en niveles completamente distintos. Ella era luz y progreso, él oscuridad y retroceso. Pero también comprendió que (a pesar de no poder estar a su altura), ella era la única cuerda de la que podía asirse para salir de las arenas movedizas que lo engullían. La única claridad que iluminaba desde arriba el negro abismo en el que zozobraba.

—Mi erudita Linda Lee —se atrevió a decir—, solo quiero que tomes en cuenta una cosa: técnicamente somos novios todavía. Nunca terminamos.

Ella rio entre divertida y sarcástica.

—Técnicamente estás alucinando.

Sabía que era un callejón sin salida... Hizo el último intento como patada de ahogado.

—¿Tú ya no me amas?

Era de esperarse que la chica contestaría con un *no* rotundo. A cambio reveló:

—Ayer estuve reflexionando justo respecto a eso. ¿Dos personas que se amaban y se dejaron de ver cuatro años, aún pueden amarse? Ya sé que a ti no te gusta racionalizar estos temas. Pero recuerda que las relaciones entre dos personas son entes vivos. Se alimentan, enferman, crecen, o mueren. A todos les gustan las relaciones "recién nacidas" (porque ¿quién no se fascina con los bebés?). Dos personas que se aman, en realidad, son tres. La relación es la tercera persona y eso las une. La pareja que se divorcia sufre un duelo, porque se muere su relación. Dos personas pueden pensar en términos de conveniencia individual. Y a veces hacer eso daña las relaciones. La gente importa, pero importan más las relaciones, pues solo estas brindan misión de vida. Si matamos nuestras relaciones, perdemos motivos para existir. Para que una relación crezca sana y fuerte, las personas tienen que decidir hacer un TRATO. Un trato de hechos. ¿Yo te amo? ¿Y tú a mí? Vamos a ver. Hay una fórmula para saberlo; es casi matemática. El TRATO determina los cinco compromisos de toda relación. Según el libro *La decisión*, esa fórmula es el secreto de las grandes sociedades, los matrimonios duraderos, las amistades sanas y las parejas felices. Sin hacer la prueba del *trato* nadie puede decir que ama en realidad. ¿Quieres hacerla?

—Adelante, mi erudita Linda Lee.

19

EL TRATO

—El TRATO es simple, poderoso, infalible —explicó Dennali—. Son cinco letras que representan cinco decisiones de acción para mantener viva una relación. Veamos punto por punto.

"T: TIEMPO. Durante los cuatro años anteriores ¿DECIDISTE darme tiempo? ¿Cuánto *tiempo* invertiste en lo nuestro? ¿Me dedicaste días, horas o al menos minutos de atención? Si el *tiempo* es la moneda de cambio más importante en la humanidad, ¿empleaste tu *tiempo* para conservar mi cariño? Si el *tiempo* es tan valioso como el aire que respiramos, ¿le diste oxígeno a lo nuestro? Seamos sinceros. No lo hiciste. Tampoco yo.

"R: RESPETO / RENUNCIA. ¿Durante los cuatro años pasados, DECIDIMOS respetar un pacto de fidelidad y verdad? ¿Hablamos claro, arreglamos diferencias y malentendidos comunicándonos de frente? ¿Renunciamos a escapes, amistades o actividades que podían dañar nuestra relación? A ver; yo tuve otro novio, tú anduviste con otras mujeres; no nos comunicamos nunca. Así que seamos honestos: no cumpliste este punto.

"A: ABRAZOS. ¿En cuatro años DECIDISTE acariciar mi piel, alguna vez? ¿Me besaste? ¿Me rodeaste con tus brazos para darme calor? ¿Tocaste mis mejillas? ¿Rozaste mi boca con la yema de tus dedos? En resumen ¿abrazaste mi cuerpo? Y en cuanto a abrazos mentales (porque también los hay) ¿me felicitaste por algo?, ¿elogiaste mis esfuerzos?, ¿me aplaudiste por terminar mi carrera profesional, por poner mi propio gimnasio y volverme entrenadora? Seamos sinceros, Marco. No lo hiciste.

"**T: TRABAJO.** ¿Los últimos meses DECIDISTE trabajar para beneficio de lo nuestro? ¿O al menos "trabajaste"? ¡Porque nadie puede amar a una persona improductiva! ¿Fuiste obrero próspero en busca de proveer recursos que fortalecieran la relación? ¿Hiciste trabajos que nos ayudaran o favorecieran de alguna forma a los dos? ¡Claro que no!

"**O: OBSEQUIOS.** Por último, amigo, ¿en los últimos años DECIDISTE comprarme algo en mi cumpleaños, en Navidad, en el día del amor, o en el día que se te ocurriera solo para demostrarme tu cariño? ¿Me obsequiaste algún objeto hecho con tus manos? ¿Me regalaste una carta o algún detalle que demostrara que te acordabas de mí? ¡Ni un solo obsequio material ni moral!

Marco Polo escuchó el análisis de Dennali. Ella era (digna hija de una escritora filosófica y un honorable maestro de artes marciales) experta en hacer análisis objetivos de los temas más subjetivos.

Entendió que, tristemente, la relación entre ellos no pudo haber sobrevivido a tal inanición. Ahora que estaba muerta, no les quedaba más que intentar dar vida a *otra* nueva. Empezar de cero. Y quizá algún día podrían volver a amarse. O quizá no.

—Mi erudita Linda Lee —Marco se sintió obligado a dar una respuesta inteligente, demostrando que, al menos, había comprendido el acrónimo—, yo podría decirte que si nuestra relación exige *tiempo*, estaría dispuesto a dártelo; que pasaría contigo varias horas a la semana, entrenando, charlando, comiendo, paseando, no sé... También podría decirte que si la fórmula exige *respeto*, cumpliría el pacto de fidelidad y verdad; renunciaría a amigos y actividades que nos dañen como pareja. Si el trato exige *abrazos*, ¡por favor! De eso pido mi limosna. Te daría todos: caricias, besos, calor humano, contacto suave y tierno de mis manos y tu piel. También abrazaría tu alma elogiándote todos los días, atento de tus aciertos y a decirte cuán bella, inteligente, capaz, e inspiradora eres. ¿Qué más? Ah, sí, *trabajo*. Por ti conseguiría un buen empleo; trabajaría incansablemente para ganar dinero y sumarlo a nuestra relación. Por último podría jurarte que te daría *obsequios*: ropa, joyas, viajes, autos, y por supuesto cartas y artesanías de paja y heno trenzado con mis propias manos —rio, pero estaba disertando cada vez con más congoja—, podría decirte todo eso, Dennali, y tú me contestarías que las palabras no valen nada, que solo importan los hechos, y que mientras no haga las cosas, en realidad no te amo. Bueno, pues en este momento yo solo puedo ofrecerte palabras —curvó los labios como en una sonrisa invertida y completó— no tengo la estabilidad ni los recursos para hacer contigo un trato *de hechos*. Así que, mi Linda Lee del alma, tienes razón. Y me pesa mucho decirlo. Tal vez nuestra relación murió.

20

LA DECISIÓN

Cinco años atrás.

Marco Polo y Dennali tenían dieciocho años. Estaban en la cima de sus triunfos deportivos y en la mejor etapa de su relación afectiva. Sentados en la primera fila del Teatro Metropolitano se tomaron de la mano cuando el telón se abrió con lentitud. Frente al auditorio lleno, apareció el escenario exquisito y minimalista, más bien académico, que la mejor editorial hispana solía usar para la presentación de sus autores: una mesa larga vestida con paño negro y escudos dorados; un podio de cristal; varios macetones alargados con flores pequeñas, y un enorme rótulo tridimensional de letras volumétricas que se iluminaban por detrás, con los nombres del libro y de la autora: *La decisión.* Eva Arantza Sanz.

Eva había sido declarada como la escritora de más ventas en el año y ese evento era a la vez el lanzamiento de la traducción al idioma inglés de su libro, un homenaje, y una conferencia testimonial.

El maestro de ceremonias hizo llamar a las importantes personalidades que estarían en la mesa del presidium. Al final, llamó a la escritora.

Eva salió al escenario en su silla de ruedas eléctrica. Se colocó justo al centro; en medio de la mesa de honor y el podio. La gente del teatro le aplaudió de pie. Los miembros del presidium fueron disertando uno a uno sobre las virtudes del *best seller* y su creadora.

El último en hablar fue el rector de la Universidad Nacional:

—Está frente a nosotros una de las ensayistas más sobresalientes de los últimos tiempos. Sin embargo, debo destacar, con riesgo de sonar ofensivo, que ninguna de las obras anteriores de la autora tiene la contundencia y la fuerza de su más reciente libro. Y me atrevo a decir que esto se debe a que ella fue diagnosticada de una gravísima enfermedad degenerativa. La misma que acabó con la vida de Stephen Hawking (no sin antes empujarlo a realizar sus investigaciones más excelsas). Eva Sanz ha escrito este libro enfrentando la peor adversidad. En ese contexto, recalco que muchas de las mejores obras de la historia fueron realizadas cuando sus autores transitaban por terribles crisis. Beethoven, Mozart, Van Gogh, Buonarroti, y muchos otros jamás hubiesen logrado sus obras maestras de no haber tenido como compañero, latente o expreso, al dolor. Así que escuchemos con atención lo que tiene que decirnos Eva Arantza Sanz, autora del libro *La decisión*.

El rector terminó de hablar con el histrionismo de un presentador televisivo. Eva se adelantó casi al borde del estrado y comenzó a hablar. Traía puesto un micrófono de diadema.

—Efectivamente —su fonación era frágil, pero su inflexión decidida—. Padezco esclerosis lateral amiotrófica; una enfermedad neurodegenerativa que produce atrofia de toda la musculatura. Dada la agresividad de mi padecimiento, los médicos pronosticaron que moriría en diez meses. Llevo ochenta y cuatro meses viva desde entonces. Mi mayor problema es la insuficiencia respiratoria. Varias veces han tenido que conectarme un BIPAP, o respirador artificial. Contra todo pronóstico me he vuelto a levantar. También padezco disnea de esfuerzo, intolerancia al decúbito, y disfagia o dificultad para tragar. Me cuesta mucho comer. Y estoy aquí para decirles, en persona, lo que digo en mi libro: las cosas grandes no se hacen cuando se hacen sino cuando se decide hacerlas. Mientras estemos vivos podemos decidir. Decidir es el atributo humano más poderoso. No importa lo que hayamos hecho antes o lo que hayamos dejado de hacer ayer, todos podemos decidir hacer más. Querido lector y asistente a este evento: decide hoy. Termina esa carrera. Especialízate. Emprende. Crea. Atrévete. Arriésgate. Camina. Sana. Ama. Deja huella. ¿Y si las calamidades te tiran? Decide levantarte. Vives postrado porque te has resignado al dolor, pero el dolor es una señal de que debes hacer algo. En los peores momentos de tu vida, cuando te abrume el miedo o la tristeza, en vez de decidir cobijarte bajo el abrigo de una colcha mullida y ver la televisión, decide levantarte: báñate, ejercita tu cuerpo, haz las terapias, rehabilítate y enfócate. No importa cuántas veces seas derribado, haz lo que sea necesario para estar bien. Mira hacia adelante con la vista en el sendero, sin voltear atrás, sin lamentarte por lo que perdiste o dejaste en el pasado. ¡DECIDE AVANZAR!; no te estanques. Siempre puedes subir un escalón, siempre puedes mejorar un poco. ¡Decide decidir! Y en tus decisiones más grandes, también decide amar. Porque amar se decide igual. Actúa el amor y no lo hables. Cuida tus relaciones con hechos.

Aplica EL TRATO punto por punto. Para amar, deja de prometer y comienza a dar. Cuida tus relaciones y ellas cuidarán de ti. Si algunas murieron, da vida a otras. Supera el duelo; mientras vivas, puedes reinventarte. Solo decide levantarte, decide avanzar, decide amar. Si vas por la vida enfermo de tristeza, si estás paralizado porque tienes dudas de ti, si has perdido relaciones, entiéndelo y acéptalo: tú eres responsable. Lo has permitido. En tu indecisión has decidido abrazar el malestar. Pero no hay mal que sea definitivo, si tú no lo quieres. Quita esas espinas que traes en la piel. ¿Cómo? Perdona. Punto. Perdona a los que te robaron dinero. Perdona a los que te difamaron o te traicionaron. Perdona a los que te arrancaron salud y bienestar. Perdona a los que dañaron a tu familia. Entiende que lo pasado ya pasó. Construye lo nuevo. Mira hacia adelante. Aún estás vivo. Tú eres importante, pero son más importantes tus relaciones. Vuelve a amar. Solo el amor te dará motivos superiores para seguir viviendo, y, entiéndelo: ¡tú mereces vivir!

El discurso continuó con el ritmo de alguien que levanta un alarido suplicante de supervivencia. Se notaba la sabiduría de la autora, pero también su dolor.

Al final, la gente aplaudió de pie. Muchos lectores habían sido marcados por Eva Sanz. Las frases de su libro se habían convertido en normas de vida, en un código que honrar y defender.

Cuando la presentación terminó, hubo una larga sesión de firma de autógrafos. A pesar de que Eva tenía dificultades para sostener la pluma y estampar su rúbrica, lo hizo sonriendo y sin quejarse. Farah le ayudó.

Eva y Farah se conocieron en la maestría de Apreciación Artística. Una, escritora; otra, cantante. Las dos, creativas y virtuosas, estaban casadas con hombres también exitosos. Guido, genio de las computadoras y Drac, maestro de artes marciales. Desde que las mujeres se hicieron amigas, sus familias compartieron momentos inolvidables. Buenos y malos.

Dos años después de la presentación del libro, cuando Eva falleció, Farah le escribió una canción a su amiga en la que explicaba cómo, a pesar de que se había ido, en realidad se había quedado como AIRE. Aire que estaría siempre cerca de su familia y sus lectores, y que nunca se iría.

21

DALILA

Marco agachó la cabeza y exhaló, profundamente abatido.

Musitó con la vista fija:

—Basura humana, vómito de la sociedad.

Dennali frunció el ceño en un mohín de repulsión.

—¿Qué dices?

—Esas fueron las palabras que mi padre usó para calificarse el día que se rompió la cabeza; es lo que dije de mí mismo cuando lo imité, y es lo único que me viene a la mente ahora que te he perdido. Mi Linda Lee, tú no has parado de estudiar y crecer. Yo, en cambio, soy un asco. Ni siquiera acabé la universidad. He subido quince kilos; hasta ayer usaba barba sucia y cabello largo. Me afeité para venir a verte. Pero no puedo ocultar el sol con un dedo. Soy basura humana, vómi...

—¡Cállate! No soporto oírte decir eso, Marco. Deja de lamerte las heridas como perrito herido con el rabo entre las patas. Eres muy inteligente. Solo estás desalentado. Acepta nuevos retos, ponte nuevas metas, arriésgate otra vez. ¿Dejaste la escuela? Vuelve a inscribirte. Tú nunca abandonabas las cosas a la mitad. Lo que empezabas lo terminabas.

Inspiró sin dejar de mirar a la chica; solo sabía que a pesar de lo que dijera cualquier prueba pedagógica, él seguía amándola de modo fiero y sinuoso.

—Sabía que iba a tocar este tema contigo —trató de calmar los ánimos—, por eso, ayer no solo fui a la peluquería, sino también a la universidad; para inscribirme de nuevo, pero no me lo permitieron. Estoy vetado. En una lista negra. Jamás podré volver a estudiar en una escuela privada.

—¿Por qué? —su pregunta era al mismo tiempo una exclamación de protesta.

—No quieres saberlo.

—Sí quiero. Dame más detalles.

La miró de soslayo con la oscura convicción de que estaba a punto de perderla para siempre... Si seguía hablando se esfumaría cualquier probabilidad de volver a dar vida a una nueva relación con ella.

—Te advierto que vas a decepcionarte profundamente de mí.

—No te preocupes. Eso ya sucedió.

Sonrió con tristeza.

—Está bien —comenzó—. Yo quería ser productor musical. Dejé esa carrera porque mis tíos ricos de Monterrey ofrecieron pagarme la licenciatura en negocios internacionales. No me gustó. Volví a México y me inscribí en administración; ahí conocí a unos amigos juerguistas y me uní a su causa. Aprendí a tomar todo a la ligera. Ya sabes: "Disfruta cada momento, vive el aquí y el ahora, el estrés enferma, vive y deja vivir." Era una ideología que iba acorde a las fiestas, los juegos y la droga.

—¿La droga?

—No te asustes. Nunca me he drogado, sin embargo, vendía hierba. Ya sabes. Solo para pasarla bien. Me convertí en el zar de la buena onda. Todo el que quería diversión me buscaba. Influí en muchos compañeros para que estudiaran menos y se distrajeran más. Aprendí a descarboxilar la marihuana y hacerla comestible. Compraba empanadas pequeñitas y las rellenaba de "pasta soñadora", y algunas cuantas veces les agregaba setas deshidratadas. Ganaba dinero y me volví popular. Pero como era tan ufano y poderoso, mis compañeros universitarios elaboraron un plan para hacerme caer. Usaron la técnica más antigua. Siendo Sansón, me mandaron a Dalila. Una chica hermosa y sensual. No sé si decir su nombre.

—Dalila está bien.

—De acuerdo. Dalila era muy guapa. Me sedujo y yo me dejé seducir. Nos hicimos pareja de la noche a la mañana. Extrañaba mucho mi relación contigo, perdona que lo diga así; habías dejado un hueco muy profundo en mí que no sabía cómo llenar.

—Tonterías. Síguele. Decías que Dalila te sedujo y te dejaste seducir.

—Es verdad; yo estaba tan necesitado de un rescate emocional, que le platiqué todas mis frustraciones. Me grabó. Luego me invitó a hacer el amor en las oficinas de la dirección universitaria. No pude creer su propuesta. Pero la acompañé. Ella tenía llave de los baños administrativos. Apenas entramos al baño, comenzó a desvestirme. Se desabotonó la blusa y en cuanto quise besarle el cuello, gritó pidiendo auxilio. La asistente del director entró. Dalila aullaba diciendo que yo la llevé ahí con amenazas y que quise violarla. Cuando nos confrontaron, sacó las grabaciones donde yo confesaba mis faltas en la escuela.

—¿Qué faltas?

—Venta de droga —reiteró—, daño a instalaciones, robo de objetos ajenos, modificación de calificaciones.

—Vaya. Eras una fichita.

—Me expulsaron de esa universidad y de todas las universidades privadas del país. Desde entonces no estudio. Pero sigo vendiendo droga...

Dennali se quedó sin aliento.

—¿Sigues?

—Estoy tratando de dejarlo. El miércoles pasado estuve en un antro con mis empanaditas de marihuana. Hicieron una redada policiaca. Casi me detienen. Escapé de milagro, pero seguro me andan bus... —interrumpió rudamente su explicación ante la imagen de algo muy grave que se le vino a la memoria.

—¿Qué pasa?

—Nada.

Esa mañana, al entrar al estacionamiento del parque vio muchos policías reunidos. Pasó de largo frente a ellos y estacionó la moto en el lugar más escondido y apartado posible. Pero en el maletero de la motocicleta había algunas empanadas viejas.

—Me tengo que ir Dennali —se despidió—. Otro día nos veremos.

Ella negó con la cabeza.

—Lo dudo mucho.

22

EXTRAORDINARIOS

Después de unos minutos, Dennali se movió despacio, abrumada por una extraña sensación de irrealidad. Su mente calculadora (que solía razonar con exactitud matemática hasta los sentimientos más insondables) esta vez parecía haberse desconectado.

¿Qué le pasaba?, ¿por qué se sentía tan triste? ¿Sería porque estaba de luto? O porque la relación entre Marco y ella murió...

Se internó en el jardín más alejado y se sentó sobre el césped, recargándose sobre el tronco de un enorme eucalipto. Cerca de ella había, bajo el abrigo de diferentes árboles, varias parejas besándose, abrazándose y hasta sobrepasándose en sus manifestaciones de pasión.

Cerró los ojos.

Nunca se había subido a un *go kart* profesional. Al principio tuvo problemas con las palancas de cambios al volante y con las vueltas cerradas. Marco Polo le explicó que debía frenar un poco al final de las rectas y acelerar durante las curvas para obligar al chasis a derraparse sobre el eje delantero, haciendo que el carrito saliera disparado a la siguiente recta. Poco a poco fue aprendiendo. El estremecimiento de ir a tanta velocidad pegada al suelo, sobre unas llantas pequeñísimas y un poderoso motor rugiente a sus espaldas, la enloqueció.

Detuvo el *go kart* en los *pits*. Se quitó el casco y sacudió su cabello. Marco se estacionó detrás de ella. Saltó para ayudarla.

—Fue increíble —dijo con una sonrisa que le iluminaba el rostro—. Corrí a más de cien kilómetros por hora.

—Muy bien —Marco la besó—, vamos; nos están esperando nuestros amigos en el *gotcha*.

—No creo que podamos ir esta vez —dijo mirando el reloj—, tenemos entrenamiento en hora y media.

—Sí nos da tiempo —la tomó de la mano—, corramos.

Esa tarde jugaron dos rondas de guerras con rifles de bolas con pintura. Ella aprendió tácticas divertidas y rio hasta que le dolió el estómago. Junto a Marco era libre. Era feliz.

Desde adolescentes cultivaron una amistad especial. Crecieron compartiendo todo: ambos fueron testigos de cómo sus madres lucharon por sobresalir en el terreno creativo; acudieron juntos a todas las presentaciones literarias, debates y conferencias de Eva, y no faltaron a ninguno de los conciertos y recitales de Farah. Entrenaban casi a diario en el parque, en el gimnasio o en el *dojo* de Drac. Se animaban mutuamente en las competencias y celebraban los triunfos deportivos de los dos.

Pero no se parecían en nada: Marco Polo era desordenado, juguetón, y hasta licencioso; todo se lo tomaba a broma. Dennali, en cambio, era rígida, aprensiva, puntual y disciplinada en extremo. Si no se hubieran querido tanto, sus radicales diferencias los hubiesen vuelto incompatibles. Eran polos opuestos y se atraían. Cómplices en todo. A veces en las noches se reunían para estudiar; estudiar de verdad. Aunque ella le decía "somos como hermanos" él fingía enojarse contestando que esa declaración era incestuosa; porque entre ellos además de cariño también había un erotismo casi incontrolable.

Después de los *go karts* y el *gotcha*, llegaron tarde al entrenamiento. El padre de Dennali estaba enojado. Era un hombre alto, fuerte, calvo. Se llamaba Ramiro Carmona, pero todos le decían Drac. Su mote deportivo significaba *dragón*.

Los hizo pasar a su oficina.

—Ustedes son líderes del equipo —les llamó la atención enérgicamente—. Y nuestro equipo es el mejor clasificado del país. No pueden dar mal ejemplo. Deben estar aquí media hora antes de empezar el entrenamiento, no media hora después. Es la última vez que les permito esta negligencia. Hoy van a hacer ejercicios triples.

Salieron de la oficina y apenas dieron la vuelta en la esquina del pasillo, ocultándose de Drac, echaron a reír, se abrazaron y se besaron con pasión.

Abrió los ojos. Sentada sobre el césped y recargada en el tronco miró a las parejas de alrededor; se lamentaba de ser la única visitante sola del parque.

El análisis del TRATO arrojó que entre Marco Polo y ella no podía haber nada, pero su corazón (que según Pascal, tiene razones que la razón no entiende) le gritaba que el análisis estaba equivocado. Él la necesitaba a ella y ella lo necesitaba a él.

Hundió la cabeza entre sus piernas flexionadas. Estaba emocionalmente agotada. Le vinieron a la mente los versos de una canción de Farah. *Extraordinarios*. Murmuró:

 Puedo ver huellas de alguien más en tu corazón.

Ya lo sé, no es fácil olvidar, mas ya quedó atrás.

No tengas miedo, yo no te voy a lastimar.

Ve quitando tus murallas. Me voy a acercar.

Tenemos un sueño que compartir,

una historia que escribir.

Yo te puedo amar, déjate cuidar.

Ven, toma mi mano, hay que partir,

camina despacio, junto a mí.

Tú y yo podríamos ser extraordinarios.

Alrededor de ella, las parejas seguían besándose. Algunas, de plano, necesitaban con urgencia una habitación privada. Era incómodo estar ahí.

Se incorporó y regresó a la zona de ejercicios con pasos cortos. Estaba llegando a la pista cuando sucedió lo inaudito: vio a Marco Polo, pálido, asustado, regresando a toda prisa sobre el camino de arcilla en sentido contrario de todos los corredores.

A lo lejos se escuchaban gritos de policías.

23

PANTOMIMA

Marco parecía aterido, acaso menos robusto por un encogimiento involuntario que denotaba su temor.

—Tengo que esconderme.

—¿Por qué? —Dennali trató de calmarlo—. Mejor tranquilízate y piensa.

—No hay tiempo. Traigo empanadas con droga en el maletero de la moto. Las iba a tirar a la basura. —Saltaba volteando a todos lados—. De veras, ya no quiero estar metido en esto. La policía fotografió mi moto afuera del bar. Me estaban buscando.

Ella lo tomó de la mano.

—Ven conmigo.

—No, Dennali. —Destrabó sus dedos con un jalón—. Es peligroso. Te pueden implicar.

Ella volvió a agarrarlo. Lo atrajo hacia el césped.

—Tengo un plan.

Sin tratar de entender, y por instinto, corrió con ella.

Llegaron hasta el jardín de los enamorados que se besaban y se sobrepasaban de pasión. Dennali flexionó las

piernas sobre el césped bajo la sombra del enorme eucalipto y atrajo a Marco para que la imitara.

—¿Qué hacemos aquí?

—Escondernos, a la vista de todos.

—No comprendo.

—Están buscando a un muchacho que anda solo; nervioso, huyendo desesperado. Jamás pensarán que puedas
estar aquí, con una chica; pasando una mañana relajada y
sin preocupaciones.

Echó un vistazo rápido a la periferia. Aunque no se veían
policías por ningún lado, podían aparecer en cualquier
momento. Se sentó junto a Dennali. Tenía lógica. Los primeros lugares para buscar a un escondido serían los es-
condites. Y los últimos, sitios que estaban a plena luz.

—¿Dices que te vieron? —preguntó ella.

—Sí.

—Entonces quítate esta chamarra amarilla con negro;
solo le faltan foquitos. —Le ayudó a bajar el cierre de la
prenda superior y sacársela; debajo del pants solo traía
una camiseta de algodón blanca sin mangas—. Recárgate
en el tronco.

Marco Polo tragó saliva.

—¿Cómo se te ocurrió esto?

—Estuve sentada aquí, viendo a las parejas de alrededor.

Se escucharon ruidos inusuales.

—Andan cerca.

—¿Cómo sabes que te están buscando a ti? A lo mejor
te confundiste.

—No. Cuando iba llegando al estacionamiento me detuve porque oí perros ladrando. Y en este parque no se permiten perros. A lo lejos vi a un hombre deteniendo a un pastor alemán que estaba olfateando mi motocicleta. Dos policías se acercaron y hablaron por sus radios. Forzaron la chapa del maletero de mi moto y lograron abrirla. Entonces comenzaron a gritar y a voltear para todos lados. Me vieron y eché a correr. Así que definitivamente sí, me están buscando a mí.

—No traes droga contigo, ¿verdad?

—No. —Pensó un instante y contuvo el gemido de alguien que recuerda haber hecho una tontería.

—¿Qué paso? —Dennali había comenzado a comprender el peligro, y el error de haberse inmiscuido.

—Nada.

—Deja de ocultarme las cosas —lo regañó—, a esas alturas debes decirme toda la verdad.

—Está bien; en la mañana cuando venía para acá, me quité la chamarra del *pants* y la guardé en el maletero sobre las empanadas. Eso quiere decir...

—Que tu ropa huele... —Ella tomó de inmediato la prenda del suelo y la ocultó debajo de las piernas de él—. Es absurdo que en el frío de la mañana te subieras a una moto en camiseta musculosa, casi desnudo del tórax.

—Necesitaba aire para despertar.

—Son tus extravagancias típicas. —Sospechaba que había algo más detrás de todo eso—. No es que sea poco grave lo de las empanadas de marihuana, pero las hay por todos lados y a nadie le asusta. Me parece extraño tanto ajetreo por algo tan vulgar.

—A mí también.

Llegaron varios policías a los jardines. Comenzaron a transitarlos de forma incidental.

—Abrázame —dijo Dennali.

La estrategia de camuflaje funcionó. Aunque los agentes se paseaban frente a ellos, Marco les resultaba literalmente invisible.

En un acto de atrevimiento mayor, Dennali imitó a otras de las parejas más desenvueltas; subió las piernas sobre las de él y acercó su rostro.

—Esto es una pantomima —aclaró en un murmullo—. Estamos haciendo lo que hacen otros alrededor.

Él no podía creerlo. Mirándose cara a cara, a tres centímetros de distancia, sintió el deseo y la necesidad de hacer la pantomima más real. Aproximó sus labios. Ella se separó ligeramente para impedir el contacto, y luego volvió a acercarse.

—No te sobrepases —lo regañó—. Piensa que estamos en una obra de teatro.

—Glup —emitió una interjección—, qué difícil papel me tocó: representar a un amante que no puede besar a su amada.

Los agentes se paseaban por el jardín, cada vez más cerca.

—Abrázame de nuevo.

Él obedeció. Ocultó el rostro en el cuello de ella y le dio un beso suave debajo de la oreja. Nunca antes había sentido esa enloquecedora combinación de miedo y excitación.

De pronto sintió el aliento frío de un perro en su nuca.

Se sobresaltó.

Escuchó los horrísonos ladridos desenfrenados de dos pastores alemanes que habían encontrado su estela.

Levantó la cara.

La policía los rodeó.

24

AGENTE ESPECIAL

—Pónganse de pie, de inmediato.

Un oficial les daba órdenes en tanto los amaestradores trataban de detener a los perros que se paraban en dos patas sin dejar de ladrar, ufanándose a los cuatro vientos de haber encontrado lo que buscaban.

Se les unieron tres uniformados más. Uno de ellos, que parecía de mayor rango, tomó la batuta:

—Soy el agente Martínez de Operaciones Especiales. Póngase la camisa, joven —Marco buscó su ropa sobre el césped a tientas, sin dejar de mirar a los pastores alemanes—, muévase despacio, y después, los dos, háganme favor de colocar las manos en la nuca.

—¿De qué se trata? —protestó Dennali; nos están confundiendo; van a tener que disculparse.

—No se preocupe, señorita —dijo el agente—, si ustedes no son las personas que buscamos, nos disculparemos. Pero lo dudo mucho. Mis muchachos casi nunca se equivocan.

Se refería a los perros. Era extraña la formalidad (casi ampulosidad) expresiva del agente. No parecía un policía callejero. Llevaban un uniforme negro, y traía al pecho placas metálicas inusuales.

Las parejas de otros árboles se separaron para avistar lo que no era posible. En el parque Naucalli no estaban permitidas las mascotas. Ni siquiera con correa. Alrededor de ellos se estaba comenzando a formar un círculo de morbo, como cuando hay un atropellado en la calle y los transeúntes lo contemplan desangrarse sin hacer nada.

El capitán preguntó al joven:

—¿Eres el dueño de la motocicleta placas AXS435?

—Sí, señor. Pero las empanaditas que traigo ahí son basura. Las iba a tirar.

—No nos interesa tanto eso; tú formas parte de un grupo criminal que vende crack, cocaína y heroína. El miércoles pasado, ustedes arrojaron una bomba de gas en un bar y provocaron el pánico. El tumulto aplastó a una joven que perdió la vida. —Se dirigió a Dennali, quien se había puesto pálida—. ¿Le parece suficiente razón para que los detengamos?

Ella volteó a ver a Marco Polo con una expresión aterrada como la de aquella tarde cuando lo expulsaron del deporte.

—Nunca me platicaste eso.

—Yo no arrojé la bomba de gas —dijo Marco—, ni sabía lo de la chica que se cayó... Hubo muchos aplastados. Apenas pude salir.

El capitán fingió consolarla.

—Me hubiera gustado mucho pedirles una disculpa y dejarlos en libertad, pero van a tener que acompañarnos.

—Ella no tiene nada que ver —la defendió Marco—, no

sabía nada. Es una amiga de mi infancia. La acabo de encontrar por primera vez después de años.

El jefe soltó una carcajada. Sus compañeros lo imitaron.

—Qué buena imaginación —reía con hilaridad legítima—, se acaban de encontrar por primera vez en muchos años y ya se estaban desnudando para asegurarse de preservar la especie.

—Es verdad, señor. Ella no tiene nada que ver. Déjenla ir.

El hombre levantó la voz haciendo valer su autoridad.

—Esta joven estaba tratando de ocultarlo a usted. Está detenida por asociación delictuosa.

Los policías les pusieron una suerte de esposas modernas en las muñecas: cinchos gruesos de plástico que usan los mecánicos para hacer reparaciones sibilinas. Los obligaron a caminar al estacionamiento. Fueron subidos al asiento trasero de una patrulla vieja y convencional. Al parecer, el agente de operaciones especiales había delegado el resto de la detención a policías comunes.

La patrulla arrancó.

Marco Polo tenía la boca seca.

—Dennali, te juro que todo esto es una confusión. Yo no formo parte de ninguna banda de narcotraficantes. Soy un peón muy lejano, de bajísimo perfil que solo ha comprado hierba cruda. Yo no tengo nada que ver en lo de la bomba de gas. A mí me sorprendió lo que pasó. Y lo de la chica que dicen que se murió, no creo que sea verdad, porque yo la vi después siendo atendida por paramédicos.

Dennali iba inmóvil. Como estatua de sal; mirando al frente; incrédula de lo que estaba sucediendo y de todo lo que su amigo había omitido contarle.

Marco quiso tomarla de la mano, pero tenían las muñecas enlazadas, así que movió el pie de forma lateral e hizo que sus piernas se tocaran. Ella permaneció quieta, permitiendo el contacto unos minutos, pero después, retiró la pierna y la cruzó sobre la otra hacia el lado opuesto sin voltear a verlo.

25

DELEGACIÓN

En la delegación pululaba gente enojada y triste a la vez. Pocos hablaban (algunos solo lloraban) y reinaba un calor de calamidad. Era bochornoso ver a familias completas llegar a poner denuncias de robos con violencia, asaltos, agresiones, desapariciones. Todos tenían que esperar su turno. Los agentes entraban y salían con detenidos.

Encerraron a los jóvenes en cuartos de interrogatorio. Ahí los catearon y examinaron hasta la humillación. Luego los sometieron a infinitos cuestionarios. Ellos no estaban detenidos por tráfico de sustancias prohibidas, sino por presunta complicidad con el crimen organizado y actos de terrorismo.

Dennali fue muy tajante declarando que ella no sabía nada respecto a las prácticas de su novio, y que ni siquiera conocía la droga. En un cuarto pequeño lleno de cámaras y micrófonos, recibió la visita de expertos en sacarles la verdad a sospechosos. Salió limpia de todas las pruebas. Sus respuestas y signos fueron siempre coherentes.

A Marco Polo le fue peor; lo interpelaron con mayor severidad. En primer lugar le exigieron que diera los datos de su proveedor de marihuana y hongos, pero él insistió una y otra vez en que se surtía en mercados públicos y preparaba empanaditas para su consumo personal. (Le habían advertido sus malos amigos que ser consumidor era siempre menos grave que ser distribuidor). Entonces los policías le hicieron exámenes de orina y de sangre para saber si había rastros de THC o psilocibina en su organismo. Como descubrieron que no, lo golpearon en las partes blandas del cuerpo: riñones, abdomen, costillas, testículos. Casi se desmayó. Estuvo a punto de decir que, en efecto, durante seis meses había vendido resina concentrada a la salida de las escuelas, pero que ya había tomado la decisión de dejar ese negocio para siempre. Entendió, sin embargo, que confesar solamente le atraería más problemas. Era mejor mantener el aspecto de un idiota que se metió en problemas por estar en el lugar equivocado con las personas equivocadas (en parte también era cierto). Entonces, los interrogadores pasaron a temas cardinales: la bomba de gas, las armas y el grupo que vendía drogas potentes. Marco Polo se sostuvo en la postura de ser un ignorante (de igual forma era verdad). Lo golpearon más.

Tirado en el suelo, gimiendo, escuchó el susurro de un policía que lo estremeció:

—Ándate con cuidado; te vamos a estar vigilando. Afuera no tienes amigos. El Raro te delató.

Ya era de noche cuando les permitieron llamar por teléfono.

Drac y Farah estaban preocupadísimos por no haber sabido nada de sus hijos en todo el día, llegaron al recinto ministerial. Con profunda consternación se enteraron de los detalles por los que los jóvenes fueron detenidos. Una vez recuperados de la impresión, hicieron todas las gestiones posibles para tratar de liberarlos de inmediato; no lo lograron. Sus hijos pasaron la noche detenidos. No fue sino hasta las tres de la tarde del día del siguiente cuando los dejaron en libertad.

Antes de darles el salvoconducto para retirarse, el juez ministerial los llamó y les hizo una fuerte advertencia:

—Nos quedamos con todos sus datos; fotografías, huellas digitales, domicilio. Esta vez tuvieron mucha suerte. Si hubiese habido heridos de gravedad en el atentado del bar o si les hubiesen encontrado otro tipo de droga encima, la historia sería diferente.

—Espere, señor juez —preguntó Dennali—, ¿no hubo una chica que murió aplastada?

—No. Pero la próxima vez puede pasar algo así; y si volvemos a encontrarlos inmiscuidos a ustedes, tal vez se queden aquí algunos meses, o años. Ya lo saben... cuiden mucho lo que hacen, y sobre todo con quién andan.

Los dejaron en libertad.

Marco Polo, como un pordiosero avergonzado de su deplorable condición, salió a la calle. No soportaba el ambiente del recinto ministerial.

—¿Por qué tanta prisa? —Su madre caminó sobre la acera detrás de él. A la zaga iban Dennali y su padre.

Marco se detuvo en el crucero. Preguntó ansioso:

—¿Dónde estacionaste el coche, mamá?

—Espera —dijo Drac alcanzándolo—. Traemos dos autos. ¿Por qué no dejamos que las mujeres se vayan en uno, y tú y yo nos vamos en el otro? Quiero platicar contigo.

Marco Polo se quedó impávido.

—Mejor otro día —se excusó—. Hoy me siento muy mal.

—Hablemos de una vez —Drac le pidió permiso a Farah—. ¿Me prestas a tu hijo un rato? Quiero llevarlo a mi *dojo*. Necesito conversar con él.

Farah dudó; quiso guarecer a su bebé como la osa que cobija al cachorro malcriado.

—No sé. Tal vez Marco necesite descansar.

—Farah, confía en mí.

Drac fue entrenador de Marco Polo y seguía siendo líder de deportistas campeones; además, el joven había sufrido una mutilación paterna y le hacía mucha falta hablar con un consejero firme.

—Está bien, Drac. Te lo encargo. Dennali y yo prepararemos algo de comer en mi casa. Ahí los esperamos.

—¡No, mamá! De veras me siento muy mal.

Ella lo tomó del brazo y entre cariñosa y autoritaria le dijo:

—Ve.

Marco Polo subió al auto con Drac, tratando de anticipar el regaño que le esperaba. Su viejo entrenador no mostraba la usual serenidad que lo caracterizaba. Parecía más bien irritable y exaltado, como volcán a punto de estallar. Hacía honor a su apodo de "dragón".

—Así que vendes empanadas de droga.

—Lo hice un tiempo. Ya no lo voy a hacer.

—Me dijeron que tienes amigos peligrosos. Que perteneces a una banda de gente malvada.

—Yo no pertenezco a ninguna banda. Ni conozco a

personas peligrosas. Hice ese negocio de forma independiente y por error. No volverá a suceder.

—Marco Polo, ¿qué te pasó?; ¡fuiste uno de mis mejores discípulos!

—Tiempo pasado —miraba por la ventana dando la espalda al adulto—, usted ya no es mi entrenador. No me puede llamar la atención como antes.

—Ya veo. Qué lástima lo que acabas de decir. Ahora hasta me hablas de usted. En ese caso, tú pierdes. Porque así las cosas cambian. Si ya no me consideras tu entrenador, ni alguien de quien puedas escuchar un consejo, entonces tenemos que hablar de hombre a hombre. Como podrás comprender, yo no puedo permitir que mi hija se reúna con un patán que anda metido en drogas y pandillas.

—Ya le dije que yo no ando en pandillas, ni consumo droga. Nunca lo he hecho.

—Pero la traes contigo... y la vendes.

—¿Cuántas veces tengo que decirlo? Me voy a salir de eso.

—Estás equivocado. Es fácil entrar a ese mundo, pero no salir. Eres un potencial convicto. La policía me dio el informe sobre cómo te encontraron con mi hija. Estaban abrazándose debajo de un árbol para disimular. —Drac comenzó a conducir gradualmente con más brusquedad de lo necesario—. Tú sabías que te estaban buscando y la inmiscuiste a ella. La pusiste en riesgo. ¿Qué clase de hombre se escuda en una mujer y la expone al peligro sin más? —Cortó la frase; aceleraba y frenaba imprevisiblemente—. ¿Quién te crees para aparecerte en la vida de mi hija después de tantos años y embarrarla en tus porquerías? —Dio una vuelta haciendo rechinar las llantas.

Drac siempre se distinguió por una ecuanimidad admirable; incluso durante el problema que ocasionó Guido, se mantuvo impasible, tomando decisiones pensadas y defendiéndose con probidad. Verlo irritado de esa forma era un acontecimiento extraño. Y peligroso. Entre frenazos y acelerones, Marco Polo recordó a su padre manejando alocadamente después de que los corrieron de la Confederación.

—Vamos a chocar.

—Te metiste con lo que más amo.

El joven se dio cuenta de que no le convenía hablar de hombre a hombre con Drac. En ese terreno tenía todas las de perder.

—Discúlpame —lo tuteó como antes.

—Hay cosas que no se arreglan con una disculpa. —Drac aceleró aún más—. Perjudicaste a mi hija; ¿te das cuenta? ¿Crees que ella merecería estar fichada como presunta delincuente? Dale gracias a Dios que tu madre ha sido muy buena y amorosa con ella, porque si no fuera así, sabrías lo que es enfrentarte conmigo a muerte.

En definitiva ese no era Drac. Jamás lo había visto tan enojado y mucho menos lo había escuchado amenazar a alguien con matarlo.

Más obedeciendo a un instinto de supervivencia que a un deseo de reconciliación sincera, Marco arguyó:

—Ya sé que no es suficiente con pedirte una disculpa —enfatizó el tuteo—. Y tienes razón. Yo todavía necesito tus consejos.

—No te creo.

—Es verdad. Estoy solo en la vida.

Drac fue disminuyendo la velocidad del coche poco a poco, hasta que lo detuvo por completo. Tomando el volante con ambas manos, hizo ejercicios de respiración. Luego volvió a poner el auto en marcha y condujo despacio hacia su escuela de artes marciales.

26

VERGÜENZA

Las mujeres no pronunciaron una sola palabra en el trayecto de la delegación a la casa. Cuando llegaron, Farah apagó el motor y volteó a ver a Dennali. La chica estaba sentada en el asiento del copiloto, ensimismada en pensamientos indescifrables que le quitaban el habla.

—No sabes lo apenada que estoy por lo que tuviste que pasar —susurró Farah—. Se me cae la cara de vergüenza. Tú no mereces esto. —Dennali continuaba inmóvil e inexpresiva—. Yo fui la que le dije a Marco Polo que te buscara. Él no quería, pero insistí. Lo vi tan mal... que creí que tú... ¡Perdóname! Nunca quise perjudicarte.

Dennali respiró hondo.

—No te preocupes, Farah. Yo de ti no he obtenido más que cosas buenas.

En muchas ocasiones la joven, inteligente y sensible, le había dado apoyo moral a la madre de su novio, y en otras, la mujer había fungido como sustento moral y bálsamo de paz para la chica que quedó huérfana. A pesar de la diferencia de edades, se comprendían. Coincidían en ser lectoras fanáticas de los libros que Eva escribió, en ser amantes de la música, y en estar constantemente preocupadas por las decisiones alocadas de Marco Polo.

—Espero que puedas olvidar lo que pasó hoy. Y que no trascienda.

—Mmh; eso será difícil. Mucha gente nos filmó. Mañana seremos noticia en las redes sociales.

—Ay, no —y repitió—, qué vergüenza.

—Tranquila, Farah. Ya nos acostumbramos a los ataques. En la escuela de mi padre decimos que tenemos espíritu de salmón real. Vamos en contra de una cultura grosera, sorteando todo tipo de depredadores, con la mente fija en alcanzar las partes más altas de la montaña.

La peroración de Dennali sonó simulada, como la del mal motivador que da conferencias huecas, aprendidas de memoria, solo porque hablar de positivismo es buen negocio.

—No tienes que fingirte fuerte conmigo.

La chica asintió y apretó los labios para evitar las lágrimas.

—Estoy muy triste —confesó.

—Yo también.

Así funcionaban mejor. Sin antifaces. Eran amigas. Se habían aconsejado y ayudado por años.

—Tengo mucha hambre.

—Vamos. Te prepararé algo.

Entraron a la casa. Farah fue directo a la cocina. Dennali la siguió.

—Creo que Marco Polo, ahora sí se excedió —dijo la joven—. Ha jugado con fuego durante años. Y no midió las consecuencias.

Farah preparaba la comida fingiendo concentración, pero en realidad trataba de evadir una charla en la que no tenía argumentos para defender a su hijo. Ella misma se sentía responsable y culpable de no haber logrado orientarlo de forma adecuada. Se mostraba fuerte la mayor parte del tiempo y hasta se atrevía a dar consejos (como el motivador histriónico que anima a sus audiencias por negocio), cuando en realidad estaba menoscabada en su interior. Le agobiaba sentirse sola dirigiendo una familia desarticulada, privada del apoyo de quien, mal que bien, fue su compañero por veinte años. Le agobiaba entender que en el rompimiento de su familia ella jugó un papel preponderante; fue ella quien juzgó con más severidad, quien reaccionó con mayor fiereza, quien se negó a escuchar explicaciones o dar soluciones. En los momentos de crisis fue ella quien actuó con la ceguera de una madre leona enardecida porque alguien se atrevió a lastimar a su cría. Por si fuera poco, le amargaba la sospecha de que, estando sola, como líder única de sus hijos, no los había dirigido bien; incluso los había exhortado a tomar decisiones equivocadas (como la de estudiar en Monterrey). Se sentía impotente, incompetente, arrepentida, confundida... Era una mujer adulta que debía mostrarse segura, ¡y estaba frente a una joven que la admiraba, que confiaba en ella, y a quien, de alguna forma, también le había fallado!

No pudo más.

Se dobló como si tuviese un fuerte dolor de estómago, tirando el plato que traía en las manos, y gimió con un llanto explosivo. Lloró desde lo más profundo de su ser. Sentía que había fracasado como mujer, como madre, como esposa, como artista. Creía que ninguno de sus consejos había sido útil, que ninguno de sus esfuerzos había fructificado.

Percibió el abrazo de Dennali que se agachaba con ella para acariciarla por la espalda, pero el contacto de la chica, lejos de consolarla, le produjo más congoja aún. Siguió llorando de forma incontrolable y desgarradora. En medio de su llanto pudo decir apenas:

—Perdóname, hija. Perdóname, por favor...

27

E L L A Y É L

Llegaron a la escuela de artes marciales. Drac abrió el garaje con el control remoto. Era domingo; sus alumnos habían ido a competir. El gimnasio estaba vacío.

—Vamos a platicar con más calma, Marco. —Detuvo el auto—. No te traje aquí para lastimarte. Ya bastante mal debiste haberla pasado. ¿Te golpearon?

—Sí.

—Desgraciados. —Abrió su portezuela—. ¿Bajamos? Puedes pasar a los baños de la escuela, si quieres; incluso puedes darte una ducha. Luego me gustaría que nos sentáramos a charlar.

—¿A charlar de qué? —Se nego a bajarse del auto. Quería abreviar tanto protocolo—. Ya entendí el mensaje. No quieres que me vuelva a acercar a Dennali.

Drac había vuelto a ser el mentor equilibrado y determinado de siempre.

—De acuerdo, terminemos ese tema; sin emociones de por medio; hablando con franqueza. Mi hija se obsesionó contigo a pesar de que hace cuatro años la abandonaste sin despedirte siquiera, sin explicarle las acusaciones que cayeron sobre ti y sobre nosotros. Ella quiso contactarte, hasta que tu mami la abrazó y le dijo que ya no te buscara. Farah ha sido como una madre para Dennali desde que mi esposa murió.

El entrenador encendió su celular y buscó algo entre sus archivos; subió el volumen al aparato de sonido del auto y puso una melodía.

—¿La reconoces? La escribió Farah. Yo no sé en quién se inspiró. Tal vez en Dennali.

Marco Polo protestó.

—De ninguna manera, Drac, por favor no me eches más cargas encima. Esa canción mi mamá la escribió mucho tiempo atrás. Se inspiró en ella misma y en una amiga maltratada.

—Tal vez. Aunque si no fue para Dennali, miles de mujeres se podrían sentir identificadas, porque miles de hombres abandonan a sus parejas después de jurarles amor.

La música de la canción *Ella y él*, llenó el automóvil con una suerte de belleza incriminatoria.

 Ella pasaba el tiempo anhelando algo más.

Soñaba con el momento en que todo iba a cambiar.

Él no la amaba, él no la necesitaba.

A diario, ella vivía con esa realidad.

No podía dejarlo. Estaba atada a él.

Y él le quitaba los años esperando.

Él la quería "como quería".

Muchas veces estaba cansado, y casi siempre ocupado.

No tenía un minuto para escucharla.

Y ella sin entender qué es lo que hacía mal,

se la pasaba deseando que el teléfono sonara...

Ella tan solo veía lo que quería ver,

pero por dentro sabía que era invisible a él.

Ella lloraba. Él no la amaba. Él no la necesitaba.

La música fue creciendo en intensidad. Cuando terminó, se hizo un silencio lapidario dentro del automóvil.

Marco Polo sintió que el calor lo sofocaba. Arguyó apenas:

—Yo no abandoné a Dennali en ese contexto. Sí la necesitaba ¡y sí la amaba!

—Ajá —la interjección de Drac sonó entre incrédula y burlona—. Voy a decirte algo que tal vez ya sabes, Marco. Mi hija y yo somos muy cercanos. Nuestra relación es fuerte porque la cultivamos a diario. No hay secretos entre nosotros. Supe que la bloqueaste de todas tus redes y que hace unos días le mandaste un punto, y después una canción. Supe que ella te invitó a hacer ejercicio al parque con mucha alegría de volver a verte. Y tú, a cambio, perdona que sea reiterativo, la pusiste en peligro y la arrastraste hasta la cárcel.

—Está bien, ya entendí.

—¿Qué entendiste?

No pudo responder. Se quedó callado. Todo ese día, aún en los momentos más difíciles (como durante la paliza que le dieron), estuvo recordando, tanto las palabras inteligentísimas de Dennali, como la pantomima de romance dulce y sensual que inventó para despistar a los policías. Aunque él discernía lo más conveniente (según Pascal, el corazón tiene razones que la razón no comprende) le era imposible dejarla sin luchar por ella.

—Drac —balbuceó con timidez—, permíteme ser al menos amigo de tu hija. Sé que ahora mismo no le convengo, pero las cosas van a cambiar.

Drac movió la cabeza.

—Durante los próximos dos años, ella estará muy ocupada. —Quiso ser menos impositivo y exploró el razonamiento puntual—. Llevará a sus deportistas a los Juegos Panamericanos y luego se va a preparar para el campeonato mundial. No puede tener distracciones. Si la quieres, o al menos la respetas, dale absoluta libertad para que haga su vida. Y tú haz la tuya, por favor. Corta relaciones con toda la gente mala de la que te has rodeado, entrena de nuevo, ponte en forma, retoma tus estudios, termina la carrera y vuélvete un hombre productivo.

—¡Dos años! —lo dijo como tratando de calcular los días y las horas lejos de ella—. No me obligues a separarme tanto tiempo.

—Ya lo hiciste cuatro años. Y no la extrañaste en lo absoluto. Al contrario. Te dedicaste a llenarte de lodo sucio que ahora quieres embarrarle.

Apretó los labios. Si durante esos cuatro años ella hubiera estado cerca de él, tal vez no se hubiese llenado de lodo.

—Voy a limpiarme; ya no la voy a embarrar...

—Límpiate primero. Luego la buscas.

Como el ahogado que da sus últimas patadas tratando de salvarse, se atrevió a hacer un comentario cínico:

—No estarás celoso de que tu hija tenga novio.

—Ay, Marco. Qué ingenuo eres. Yo he visto a mi hija llorar en las noches porque está sola. La he visto llorar por ti. Y la he visto llorar porque quiso ser pareja de otro tipo con el que nunca logró sentirse mujer. Sé que te quiere. Siempre te ha querido. Y eso me duele en lo más profundo de mi ser, porque tú no la valoras. Y la haces sufrir. ¿Sabes la rabia que siento cuando alguien la hace sufrir? Yo espero con toda el alma que ella encuentre algún día a un hombre que la respete, la cuide, la proteja, la dignifique, la honre y la haga sentir como la persona extraordinaria que es.

El rostro de Marco Polo estaba desencajado, como el de un moribundo que ha quedado atrapado en el armazón de un auto accidentado. Él se salvó de la prisión física ese día, pero ahora necesitaba desesperadamente salir de la prisión mental. Agachó la cara y musitó:

—Ayúdame, *sensei*.

Drac reconoció su voz sumisa y sincera de cuando, años atrás, le llamaba así; *sensei*. Fue uno de sus mejores discípulos.

—Ven —le dijo—. Tenemos que trabajar.

28

EL CENTRITO

Tres años atrás.

Farah fue recogida en el aeropuerto de Monterrey por el chofer de su hermana. Después de un largo trayecto llegaron a las residencias más exclusivas del Centrito de San Pedro Garza García.

El personal de servicio la hizo pasar a una sala de triple altura que parecía museo. Ahí se sentó a esperar casi treinta minutos.

—Qué gusto verte Farhita —al fin su hermana menor apareció en escena por un costado; parecía más aseñorada; usaba ropa blanca de marca, y traía el cabello alaciado de diferentes tonalidades rubias.

Se puso de pie para abrazarla.

—Te ves hermosa, hermana. ¡Y qué casa tan imponente! Sabía que a tu esposo le había ido bien en los negocios, pero nunca imaginé que tanto.

—Pues ya ves. Se hace lo que se puede. Esta también es tu casa.

—¿Y Marco Polo?

—No está. De hecho no está nunca. Por eso quise que vinieras. Para platicar con calma. Marco vive en la casita de afuera (vieras qué mona es); pero me dice la servidumbre que solo llega a dormir. Y llega muy tarde. A veces ni siquiera llega. Creo que anda en malas amistades. Y está reprobando casi todas las materias en el Tec. Mandé a pedir su informe académico. Es terrible —tocó un timbre en el teléfono fijo; casi al instante llegó una asistente—; Catita, tráeme por favor un folder que trajo Jaime y dejó sobre el escritorio de mi oficina. —La asistente salió a toda prisa—. Ahorita lo vas a ver. Necesito que te des cuenta de su rendimiento, porque los cursos de recuperación en esa escuela son carísimos y no te va a convenir.

Farah sintió que la sangre comenzaba a hervirle en las venas. Jamás imaginó que encontraría ese escenario.

—Hermana, perdón que te interrumpa —respiró para controlar una ira repentina y creciente—, pero algo no me gusta aquí; te lo voy a decir con todo respeto. Yo te mandé a mi hijo para que conviviera contigo, con tu esposo y con sus primos. Para tener el calor de un hogar que le diera buena influencia, pero ¿me dices que duerme en la casa de afuera, y que tu servidumbre es la que te da informes de él? ¡Claro que mi hijo se siente solo y está buscando otra familia en amigos de la calle!

La hermana de Farah contestó con voz aguda y teatral:

—Ay, Farhita, no te pongas pesada; aquí tenemos mil ocupaciones, mis hijos trabajan con su papá. Y el tuyo debería al menos esforzarse por no desperdiciar las colegiaturas que se están pagando.

Farah se había puesto roja. De pronto se dio cuenta de que fue un grave error enviar a Marco a estudiar a esa ciudad.

La mansión de triple altura ya no la intimidó. Frente a ella estaba su hermana menor que ahora se creía cortesana de la realeza.

—¿Dices que mi hijo no debería desperdiciar las colegiaturas que se pagan? ¡Las colegiaturas las pago yo, te lo recuerdo, porque tú no quisiste ayudarme! Y está bien. No tienes por qué. Pero me estoy acabando todos los ahorros que logré de las ventas de mi música para tratar de rescatar a Marco. Él cree que ustedes sufragan todos sus gastos porque fue la estrategia que pensamos para generarle un compromiso de gratitud, y obediencia aquí. Insisto: se suponía que iba a estar asesorado y cuidado personalmente por sus tíos, que además son sus padrinos, ¡y ustedes no hablan con él! Claro que es rebelde. Ni siquiera está estudiando lo que le gusta.

La última frase de Farah le ayudó a su hermana a salirse por la tangente.

—A Marco Polo no le gusta nada. Ah, sí, miento. Me han dicho los choferes, bueno, me he enterado, que cuando está en la casa se la pasa limpiando la moto de su tío y sacándose *selfies* arriba de ella y junto a ella; Farhita, perdona que te lo diga, pero tu hijo es muy inmaduro.

—¡Mi hijo es un joven de veinte años que perdió todo! —Levantó las manos y la voz al mismo tiempo—. ¡Aceptó venir aquí a estudiar la carrera de negocios internacionales, que tu esposo le sugirió, porque pensó que ustedes le pagarían sus estudios y después le ayudarían a colocarse! Pero ¿por qué haría algo que no le gusta si ni siquiera siente el menor apoyo?

Catita llegó con el fólder. Se disculpó y lo entregó usando ademanes de sumisión. Luego se retiró de inmediato.

—Pues aquí está la muestra de que efectivamente a Marco no le gusta lo que está estudiando. Aunque sabrá Dios qué le guste.

—Para tu conocimiento, hermana, los talentos de Marco Polo son el deporte, la computadora y la música. ¿Sabes que toca la guitarra y compone precioso? ¿Sabes que también edita melodías? Podría ser un gran productor. Es lo que estaba estudiando antes. Tú no lo conoces. Ni lo entiendes. Ni lo amas. Ni has tratado de ayudarlo.

—Ay, Farhita. Qué pena me das. No te invité hasta acá para que me insultaras.

—Tú no me invitaste, hermana. Yo pagué mi boleto de avión. Solo vine a ver cómo está mi hijo. Creo que tengo derecho.

—Derecho claro que tienes. Te hago el resumen: anda con malas amistades, le gusta el relajo, no llega a dormir, y lo único que le interesa en esta ciudad es la moto de mi marido.

—Les compro esa moto.

—¿Cómo?

—Quiero motivarlo. Hacerlo sentir comprometido. Ayudarlo a volver al buen camino.

—Le estarías dando un premio por portarse mal.

—No. Sería un regalo con uso condicionado a que vuelva a ser responsable.

—Pues la moto debe ser muy cara. No sé si tengas dinero suficiente.

—¿Cuánto vale?

—Ni idea. Pero para que te vayas tranquila y veas que

soy una buena hermana le voy a decir a mi esposo que te la venda. Él no la usa. Te investigo el precio y me depositas.

—Está bien —se levantó—. Voy a buscar a mi hijo y a darlo de baja en la escuela. ¿Crees que alguno de tus choferes pueda llevarme al Tec?

—Ay, querida, mis choferes van a estar ocupados. Pero puedes pedir un Uber. ¿Sí tienes la aplicación?

—Sí, claro. No te preocupes.

29

PUÑETAZOS

Marco Polo, de diez años de edad, cerró los ojos y encorvó su cuerpo en posición fetal mientras recibía golpes y patadas.

Aguantó la respiración. Pronto terminarían.

Se escuchó la chicharra del colegio. La turba de chiquillos fue disipándose con los gritos del prefecto que invitaba a los niños a regresar a los salones.

Permaneció tirado un rato más, recuperando el aire, revisando que pudiera mover primero los dedos, los brazos, las piernas, la cabeza. Se incorporó despacio y se sacudió la tierra.

Fue el último en llegar al salón. La maestra lo castigó con doble tarea.

Cuando su padre pasó por él, se dio cuenta de que algo andaba mal. Le dijo:

—¿Te pegaron otra vez?

El niño movió la cabeza afirmativamente.

—¿Por qué tengo que estudiar con esos grandulones?

—Porque tu madre y yo nos equivocamos. Creímos que

eras más inteligente que los niños de tu edad y te pusimos a estudiar con los grandes. Pero fue un error. Ahora no podemos corregirlo. Así que, aunque no seas tan listo, ingéniatelas.

—Me pegan todos los días.

—Te voy a meter a clases para que te enseñen a defenderte. Box o karate. A ver si puedes, porque eres muy débil. Así que come bien.

Marco Polo, de veintitrés años de edad, cerró los ojos y encorvó el cuerpo en posición fetal mientras recibía un golpe seco en los riñones.

—¿Quién te vende la droga?

—No conozco a nadie. Ya se los dije.

—¡Danos nombres!

—Yo compro la hierba en un mercado.

—Es mentira. Sabemos que conoces al Cuervo. Él te surte mercancía. ¿Quién más está en esa banda?

—No sé de qué me hablan.

Recibió otro puñetazo; guardó la respiración. Pronto terminarían.

Seis meses atrás había ido a bailar con una joven universitaria de buena familia. Tomaron mucho alcohol; la chica le dio una pastilla de éxtasis. Se sintió tan eufórico que bailó con ella hasta las cinco de la mañana. Repitió la experiencia un par de veces más. Entonces supo que su compañera también era adicta a la cocaína y heroína. Una noche cayó en *shock* y los paramédicos se la llevaron casi sin signos vitales. Cuando todos los presentes veían la escena, alguien a su lado le hizo plática. Era el Cuervo.

Le dijo:

—En este mundo hay que saber qué consumes y qué compartes. Hay cosas divertidas e inofensivas con las que puedes pasártela bien. Pero hay otras que te matan. Ella cruzó la raya...

El Cuervo le enseñó que así como el tabaco y el alcohol eran drogas, había otras, según él, casi igual o incluso menos dañinas. Le explicó que no tenía nada de malo distribuir "cosas buenas" mientras no "cruzaras la raya", le dijo:

—Ayúdame a difundir ese mensaje a la gente. Ayúdame a que los jóvenes sepan cuidarse y diferenciar. Si lo haces, además podrás ganar algo de dinero.

La invitación altruista era un engaño que solo el individuo más ingenuo, ciego o desesperado podía llegar a tragarse. Ese individuo era Marco Polo.

—Yo no cargo droga mala. Ya lo sabes.

—Cállate, y obedece.

—Si me agarran con esto, me va a llevar la fregada.

—Te va a llevar de todas formas.

Recibió otro golpe más. Se suponía que en esa época estaba prohibido interrogar a los sospechosos de tal forma, pero en su ciudad ocurrían cosas que no siempre iban de acuerdo a lo permitido.

La puerta se abrió y entró el agente Martínez.

—¿Qué están haciendo? —regañó (o fingió regañar) a sus subalternos—. En este lugar nos distinguimos por tratar bien a las visitas. Orangutanes de la selva. ¿Cuándo aprenderán? —Se acercó a Marco y le acomodó el cuello de la camisa explicando con su impostada petulancia—: Ya nos explicaste que tú compras droga en un mercado, pero no sabes bien qué mercado ni en qué puesto; ya nos dijiste que no conoces a nadie de la banda, y que las empanadas las preparas para tu consumo personal. Como comprenderás, nos cuesta trabajo creerte; sin embargo, vamos a ser buena onda contigo —le dio varias palmadas en la cara con la mano abierta—, te vamos a dejar ir, si entiendes que aquí no pasó nada. Mis muchachos te trataron siempre bien, ¿de acuerdo?

—De acuerdo.

—Si nos lo permites, ellos o yo te estaremos visitando de vez en cuando. Queremos ser tus amigos...

Nunca había recibido una advertencia tan intimidatoria.

Salió del separo con la sensación de haber sido golpeado por grandulones y castigado por la maestra con doble tarea. La diferencia era que afuera ya no lo esperaba su papá.

30

PARACAÍDAS

Farah estaba sentada al piano con los ojos cerrados, tocando como quien busca descanso en las aguas termales de la música apacible.

Dennali, junto a ella, la observaba y escuchaba.

Aunque todavía se filtraban los últimos rayos de sol, Farah había encendido las luces de dos lámparas largas que perdieron su verticalidad.

Después de una extensa sesión de piano instrumental, Farah respiró y Dennali le agradeció con una caricia en el brazo. La paz que no lograron hablando, la habían obtenido a través de ese tiempo en contacto con el arte.

—Recuerdo —dijo Farah como pensando en voz alta— que Marco siempre se ha metido en problemas. Desde niño. Fue demasiado intenso y creativo para las travesuras. Cuando tenía diez años se puso el arnés de un paracaídas que tenían sus amigos vecinos; se subió a una patineta y dejó que lo jalaran por la calle con una cuatrimoto. El paracaídas se abrió, tomó aire y el niño se elevó varios segundos como a cinco metros de altura. Luego cayó y se rompió dos huesos. Estuvo en el hospital.

Dennali rio. Contribuyó a las remembranzas.

—Cuando éramos novios le encantaba subirse conmigo a la montaña rusa y en las bajadas más aterradoras me abrazaba y me besaba. Creo que es adicto a la adrenalina. Todo lo contrario de mí, que me gustan los esquemas predecibles. Por eso nos complementábamos. Él tiende a ser descuidado y juguetón. Y yo lo obligaba a entrenar, a ser metódico, a cumplir con las reglas. Por eso cuando nos separamos tuvimos un desequilibrio. Los dos. Yo me puse a entrenar como maniática y a cuidar cada caloría; desarrollé una anorexia pasiva. Era elástica, pero estaba en los huesos. Me aconsejaste que tuviera otro novio. Y te hice caso. Fui pareja de un compañero más estricto que yo, y casi me vuelvo loca. Era extremadamente cuadrado, frío, imperturbable, casi fariseo. Regresé contigo hecha un mar de llanto. ¡Cómo extrañaba a tu hijo! Y mientras él jugaba con fuego, las dos nos reuníamos por horas a tranquilizarnos en este mismo lugar, con tu música… —hizo una sugerencia como quien le pide al artista del escenario su pieza favorita—. ¿Cómo iba esa canción que le compusiste?

Farah comenzó a tocar una de las composiciones más intensas y doloridas que había escrito. Dennali se la sabía de memoria.

 Caminas otra vez al filo del declive,

creyendo que se abrirán tus alas al caer.

¿Qué ganas con probar tu fuerza invencible?

Si hay algo en ti diciendo que te debes detener.

Cada paso es un trazo dibujando tu destino.

Jugar con fuego, el frío no te quitará;

solo el dolor te abrasará.

Jugar con fuego es una trampa al final.

Las llamas te traicionarán.

Al terminar la canción, Dennali tomó entre sus manos la estatuilla en forma de salmón saltando. Estaba ahí porque Drac se la obsequió a Farah. Su padre había adoptado ese símbolo como escudo de su escuela renovada. Mucha gente no entendía el significado, pero había sido crucial para ella y para todos los miembros del equipo después de que todo se destruyó y tuvo que ser reconstruido.

31

SALMÓN REAL

El entrenador activó las luces del predio y todos los pasillos se iluminaron.

Marco Polo había entrado muchas veces a ese lugar, pero ahora todo se veía distinto, como si hubiese sido remodelado con otra distribución y decoración.

Llegaron a la zona de oficinas. La recepción estaba llena de diplomas, reconocimientos, medallas y fotografías de campeones.

—Supongo que tendrás hambre —el *coach* sacó una caja de la nevera del *lobby* y la metió al horno de microondas. Programó el teclado y oprimió el botón de inicio. Se escuchó el sonido sordo del aparato—. Pasa. Nuestra sala de juntas es nueva. Toma asiento.

La repentina amabilidad del propietario empequeñeció al invitado y agigantó al anfitrión. Era como si un poderoso tigre hubiese llevado una presa a su guarida.

Entró al recinto que era también una especie de aula para capacitación; tenía paredes blancas y cristales templados que dejaban ver en penumbras el enorme gimnasio azul con espejos y colchonetas. Al centro de la sala había una mesa circular para ocho personas. En el muro principal, un monitor para proyección, junto a él un pizarrón de tripié con diagramas que el anterior expositor olvidó borrar, y en la pared lateral un cuadro enorme con la fotografía de un salmón real saltando furiosamente a contracorriente en una cascada.

—¿Aquí dan clases? —preguntó Marco tratando de sonar casual.

—Hacemos entrenamiento mental con los mejores deportistas. Charlas, dinámicas, ejercicios para la mente y el carácter —Drac encendió las luces exteriores; afuera de la oficina se iluminó el espacio nítido y amplio.

—¿Qué le hiciste a este lugar? Se ve tan diferente.

—Después de la caída moral de la escuela, volvimos a edificarla. En todos los aspectos. De hecho, tiramos el inmueble y lo reconstruimos con nueva identidad —señaló hacia el muro lateral—. Adoptamos el salmón como símbolo de honor —y continuó explicando—: es el único animal de todo el planeta que da su vida por dejar huella. Ni el águila, ni el león, ni el delfín ni el mejor amigo del hombre, ni ningún otro ser vivo (salvo el hombre mismo) puede fijarse en la mente una meta loable y dedicarse a luchar por ella en contra de todas las adversidades hasta alcanzarla. Es realmente increíble. Analízalo. El salmón vive en el océano, pero no puede reproducirse ni desovar (porque sus hijos morirían) en el agua salada del mar. El único sitio donde es capaz de dar vida a su descendencia es en lo alto de las montañas, en aguas dulces, frías, cristalinas, de baja profundidad, lejos de depredadores. Así que persiguiendo el sueño de dar su simiente y conservar su especie, el salmón emprende un camino imposible: busca la desembocadura del río y se mete nadando en sentido contrario. Comienza una travesía de mil, dos mil y hasta tres mil kilómetros durante meses. Nada hacia arriba, saltando piedras y cascadas, enfrentando cientos de depredadores: redes de pescadores, osos, aves, lobos y una feroz corriente en contra. El ochenta por ciento de los salmones mueren en el camino. Los que sobreviven siguen, con una disciplina férrea, comiendo poco, o sin comer, nadando de día y de noche, comprometidos con su ideal de llegar a la cima.

Marco Polo observó que en la esquina había una vitrina con kimonos blancos para entrenamiento y combate. Comentó, asombrado:

—Y ahora tienes el ícono de un salmón saltando como escudo bordado en los uniformes de la escuela.

—Lo importante es su significado: ninguna persona puede triunfar si no es un poco como el salmón; si no se atreve a perseguir sus anhelos en contra de una cultura agresiva, grosera, tramposa, hipócrita, deshonesta, desleal, impuntual, apática, envidiosa... En esta escuela somos personas de entereza y valor; estamos dispuestos a dar la vida para lograr nuestros sueños. Aquí somos como ese símbolo —señaló el cuadro— de ascenso, perseverancia y victoria. Nada ni nadie va a detenernos.

Se escucharon los tres pitidos del horno que había terminado su función.

Drac salió y regresó después trayendo un plato con pizza humeante y dos botellas de agua.

—Adelante.

Marco Polo devoró la pizza como huérfano de hospicio.

Después del último bocado se relajó sobre la silla.

El panorama negro y anguloso tenía ahora matices más

redondeados. Era curiosa la forma en que puede cambiar el humor después de satisfacer las necesidades urgentes.

Drac lo miró con la comisura de sus labios hacia abajo, como una sonrisa al revés.

—Marco —dijo despacio—, conozco tu esencia. Sé de lo que eres capaz. Tienes un gran corazón. Así que levántate. Conviértete en hombre cabal, íntegro, fuerte, valiente. No sigas siendo un llorón que se la pasa en el suelo porque cree que su papá lo traicionó.

—Ouch.

—Necesitas arreglar tus raíces. Ningún árbol puede ser fructífero si tiene sus raíces dañadas.

El entrenador solía usar esa analogía para explicar que los frutos de un árbol equivalían a las medallas de oro, el tronco a la preparación, y las raíces a la vida personal.

—Desde que me expulsaron del deporte, mis raíces comenzaron a pudrirse —aceptó—. Tuvimos una familia preciosa, y ahora estamos desesperados porque no sabemos cómo recuperarla.

—Cambien de enfoque. Suena cruel. Pero es así. Cuando una casa se derrumba, lo único que pueden hacer los propietarios es construir otra. Es lo que hicimos aquí. Implica trabajo, dolor, decisión, fe, carácter indomable como el de un salmón. Así que modifica tu forma de ver las cosas: cada vez que digas "quiero recuperar lo que perdí", mejor di "quiero construir algo nuevo con lo que tengo". ¡Siempre hay una segunda oportunidad para el que desea levantarse! Quizá no vas a tener de vuelta la hermosa familia que tuviste, pero sin duda puedes crear otra con las personas que quedan juntas.

—Las personas que quedamos somos un desastre —entonó el mismo singulto que lo perseguía—. Mamá se la pasa componiendo canciones de desamor, mi hermana vive en otro mundo, pintándose el cabello y tatuándose. Y yo, bueno, ya te diste cuenta...

—Deben reconciliarse con su pasado. Cerrar ese libro y comenzar otro.

—¿Cómo?

—Empieza por saber dónde estás parado. Cuál es tu daño.

—¿Cómo? —repitió levantando la voz en petición de clemencia.

—Hazte un examen personal. Nadie puede reparar un motor descompuesto sin un diagnóstico. Vamos a comenzar analizando la herencia paterna que tienes sobre los hombros. ¿Está bien?

—Sí. —Estaba dispuesto a todo.

—Sígueme en estas ideas.

32

PONDERACIÓN

Drac apagó las luces del gimnasio convirtiendo el entorno de la oficina en penumbras y obligando al muchacho a concentrarse en la mesa de juntas.

—Hay un cuestionario extenso que mide la herencia paterna de cada persona y arroja resultados sorprendentes. No lo vamos a responder ahorita porque nos llevaría horas. En cambio, si me permites, podemos hacer una ponderación general, bastante rápida y eficaz.

Marco movió la cabeza de un lado a otro como cuando los hindúes dicen que sí.

—El carácter y la autoestima de un hijo son producto del amor que recibieron, en términos del TRATO. ¿Conoces el TRATO?

—Claro. —Cerró los ojos y apretó los párpados. Tenía la mente obnubilada; había olvidado el acrónimo—. La verdad, no lo recuerdo bien.

—No te preocupes. Lo repasamos en términos de lo que un padre debe darle a un hijo:

"Número uno. El trato es brindar **TIEMPO**: tiempo a solas, tiempo de comunicación profunda, tiempo de convivencia y juegos; tiempo de consejos, tiempo de intimidad espiritual. Dar tiempo de calidad es la primera muestra de amor —reiteró—. Si un papá no le da tiempo de calidad a sus hijos, en realidad no los ama.

"Número dos. El trato es brindar **RESPETO / RENUNCIA**: respeto a un pacto de fidelidad y verdad; respeto a las opiniones, intereses, gustos, afectos, talentos y emociones del otro. Respeto a las formas de comunicación sin burlas, sin insultos, sin manipulación egoísta. El respeto también implica RENUNCIA a todo lo que pueda dañar al ser amado. Dar respeto (y renunciar a lo nocivo) es la segunda muestra de amor —enfatizó—. Si un padre no respeta a su hijo, no puede decir que lo ama.

"Número tres. El trato es brindar **ABRAZOS**. Físicos y mentales. Los niños que crecen sin abrazos se vuelven huraños. Los *abrazos físicos* son cercanía de cuerpos, caricias que dan cobijo, contacto humano; tocar y ser tocados. Los *abrazos mentales* (no menos importantes) son elogios, aplausos, aprobación verbal, reconocimiento del esfuerzo, celebración por los logros. Dar abrazos es la tercera muestra de amor —reiteró—. El padre que no abraza a sus hijos, física y mentalmente, en realidad no los ama.

"Número cuatro. El trato es brindar **TRABAJO**: Trabajo en la oficina, en la empresa, en el campo y en el hogar. El padre que ama, trabaja tanto en la calle como en la casa; trabajar arduamente es una muestra de amor. A una madre de familia que se dedica al hogar no se le puede decir que no trabaja, porque estudiar con un hijo *es trabajo*, llevarlo a sus clases, al dentista, o al doctor, *es trabajo*; cuidarlo en los momentos de enfermedad, reparar su habitación, o incluso enseñarle a trabajar, *es trabajo*. Trabajar es la cuarta muestra de amor —y concluyó—: El papá que no trabaja ardua y expresamente para beneficiar a su hijo, no puede decir que lo ama.

"Número cinco. El trato es brindar **OBSEQUIOS**. Los obsequios cuestan; se fabrican o se compran. Llevan el mensaje de: "me importas", "me acordé de ti", "quiero verte sonreír". Ejemplos de obsequios: una camisa, una cena, una carta, un boleto para el teatro, una confidencia, un permiso, una acción amable. Se trata de dar, no de tomar. Porque en el mundo hay dadores y tomadores. Los tomadores, solo quieren recibir, ser el centro de atención, que los escuchen y los atiendan. Los dadores, en cambio, se desprenden de lo suyo, se interesan porque el otro esté bien. El padre que no da obsequios, no ama. De hecho, quien ama de verdad se obsequia a sí mismo. Da la vida por amor.

> Mi prioridad son tú y tu hermana; por ustedes me anulo, me invalido, me humillo, me muero si es necesario...

—Mi madre ha cumplido con el TRATO —susurró.

—También tu papá, seguramente, de forma distinta. ¿Cómo lo evaluarías? En una escala del cero al cien, ¿cómo ponderarías el cumplimiento del TRATO en él?

Marco Polo se llevó la mano al mentón. Reflexionó.

—A ver. Cuando papá estaba en casa, sí me dedicaba tiempo. A veces me llevaba a entrenar; me enseñó a jugar juegos de estrategia en la computadora y a manejar el *pro tools* para editar música; nos divertíamos juntos y lo admiraba.

—¿Del uno al cien cuánto tiempo de calidad te dio?

—Cincuenta, porque se pasaba la mitad del mes fuera —entendió la dinámica y siguió ponderando—. En cuanto a respeto, falló en el acuerdo básico de lealtad y verdad; dijo mentiras; le fue infiel a mi madre; no renunció al placer que le causaba *hackear* sistemas a pesar de que eso me podía perjudicar; le daría un diez por ciento. En abrazos, déjame recordar... pocas veces me tocaba o elogiaba; le daría un veinte. En trabajo, eso sí, era muy trabajador, le pondría noventa. En obsequios, a veces trataba de "comprarme" con regalos. Le daría setenta.

—Muy bien, Marco. Si promedias tus pulsos —hizo la cuenta—, podrías decir que la *actuación positiva* de tu padre en cuanto al TRATO de amor hacia ti, fue de cuarenta y ocho por ciento. Ahora vamos a analizar la *actuación negativa específica.* Se divide en dos. DAÑO Y AUSENCIA. Todos los padres caemos en ello. Queramos o no. Empecemos por el DAÑO; se puede evaluar: hay padres que consienten a sus hijos, haciéndolos creer que merecen todo a cambio de nada ¡y los dañan! También hay padres que maltratan. El maltrato tiene una gama gigante. Puede ir desde sarcasmo, burlas, comparaciones, amenazas, intimidaciones, hasta a gritos, insultos, golpes, abuso físico e incluso, sexual. Todos los padres dañamos a nuestros hijos en mayor o menor medida, porque somos imperfectos. Algunos pecamos de explosivos, otros tomamos malas decisiones, adquirimos vicios, somos exagerados, laxos, iracundos o hasta paranoicos. El segundo y último parámetro de actuación negativa se llama AUSENCIA. La ausencia de un padre puede ir desde ignorar a sus hijos o *no atender* sus necesidades en el momento, hasta abandonarlos por exceso de trabajo, viajes, amigos, labores ajenas, divorcio, cárcel, infidelidad o incluso la muerte. Para el subconsciente de un hijo, el abandono grave se traduce en traición; porque abandonar es "dar la espalda". A veces esa traición es involuntaria, como cuando el padre fallece, pero a veces es consciente.

Drac encendió su *laptop* y proyectó a la pantalla del muro la ilustración de una recta numérica. A la derecha del origen o cero sobre los números positivos había cinco barras representando el TRATO, y a la izquierda sobre los números negativos había dos barras con los letreros: DAÑO y ABANDONO.

—Este programa es simple —explicó—, tú puedes hacer las barras grandes o pequeñas en la gráfica, según la herencia que creas haber recibido.

Marco tomó el *mouse*. Dibujó:

—En cuanto a lo positivo —dijo rellenando las cinco columnas del TRATO con los números previamente deducidos—, aquí está —el programa le arrojó el promedio que apareció arriba de las barras—, mi padre me dio un cuarenta y ocho por ciento aproximadamente de herencia buena. —fue hacia las barras negativas y pensó un poco antes de dibujar—. Respecto al DAÑO, no me maltrataba, pero me perjudicó con sus prácticas consentidoras y sus argucias ilegales que acabaron hundiéndome. Yo llenaría la columna de DAÑO con setenta. Por último, en cuanto a ABANDONO (y traición) me dio la espalda gradualmente y sobre todo ahora que se fue a vivir con otra familia. Su nivel de ABANDONO ha sido grave. Le pondría noventa.

El programa ponderó las dos barras negativas arrojando un promedio de ochenta en color rojo. Al instante hizo la suma algebraica de los números negativos y positivos, el número treinta y dos negativo, también rojo, tituló como ponderación final.

—¿Qué significa esto?

—Para que te des una idea, un resultado de cero, es como si la persona hubiese nacido de probeta. O sea como si no hubiese tenido papá. Tener un resultado general menor a cincuenta positivo es como tener un papá reprobado. Pero tener números negativos en la gráfica es equivalente a estar gravemente traumatizado por una nociva herencia paterna.

El número menos treinta y dos centellaba en el monitor. Se quedó callado. Evaluar a su padre, lejos de ayudarlo, le había causado una profunda sensación de angustia y orfandad.

—¿Esto es todo?

—No. Esto es solo el análisis preliminar para hacer el ejercicio.

—¿Te refieres al ejercicio de perdonar?

—Sí. Lo hago con mis mejores alumnos. Mientras más lastimada esté el alma de una persona por culpa de su herencia paterna, más difícil le será levantarse de las caídas. Y yo necesito que todos mis guerreros sepan levantarse...

Quiso decir "yo no soy tu guerrero", pero prefirió bajar la cabeza y murmurar:

—Necesito ir al baño.

33

DUCHA

Después de satisfacer todas sus necesidades fisiológicas, que para entonces se habían vuelto urgentes, Marco caminó por el pasillo de los sanitarios; llegó a la zona de vestidores y regaderas. Se miró al espejo. Estaba sucio; golpeado y torturado psicológicamente. Le dolía todo el cuerpo.

Se quitó la chaqueta del *pants* amarillo con franjas negras y alzó la camiseta sin mangas. No tenía marcas en el tórax. Los policías se habían asegurado de lastimarlo sin dejarle huellas. Pasó la mano por el pecho y sintió el dolor de una inflamación interna. Inspiró profundamente y se encorvó del dolor, de seguro le habían roto una costilla.

Tenía un aspecto enjuto como del vagabundo que pasó la noche sobre una banca de cemento. Pero su apariencia sombría no se debía a los cañones de la barba sin rasurar, ni al pelo hirsuto mal acomodado por el reciente corte de un estilista descuidado; eran las amarguras pasadas y la fuerte carga de dudas presentes que le originaban ese talante vapuleado.

—Estoy hecho un asco.

Se encontraba en los vestidores del gimnasio. Se quitó la ropa y abrió la llave de una regadera. Casi de inmediato salió agua caliente. Había dispensadores de jabón. Disfrutó la ducha casi tanto como la pizza que se comió minutos antes. Lo que seguía sin agradarle era la idea de volver a la sala de juntas para hacer una dinámica de reconciliación con su pasado. No quería hacer esa dinámica. En todo caso necesitaba hablar con su papá primero; preguntarle por qué hizo lo que hizo y por qué omitió lo que dejó de hacer.

Todo era demasiado confuso.

Durante cuarenta y ocho meses, la sombra de su padre ausente lo había acompañado como un fantasma perturbador. ¡Demasiado tiempo sin respuestas! ¡Demasiadas noches de insomnio pensando en él, y muchas otras noches de pesadillas, también soñando con él!

Estando en Monterrey, durante las madrugadas, en una brutal lucha interna de emociones contradictorias, escribió algunos versos a su papá. Luego se compró una guitarra con la mesada que le daban sus tíos y, en el desierto de su soledad, sintiéndose abandonado por su familia, desprovisto de toda protección y ayuda, le puso música a los versos. Lo hizo poco a poco. Sudando sangre. Exprimiendo creatividad desde su corazón malherido.

Cuando terminó la canción se sintió satisfecho. Era la primera y la única que había compuesto por sí solo. No se la compartió a nadie. Ni a sus tíos ni, por supuesto, a su madre. Pensaba que los versos la ofenderían (además de que Farah era una compositora profesional y él no pasaba de ser un nobilísimo aficionado).

Guardó la canción en un cajón, y quiso olvidarla, pero cada vez que pasaba mala noche se levantaba, encendía la luz, tomaba la guitarra y la tocaba. Lo hacía porque la canción le gustaba, pero sobre todo lo hacía porque al cantarla sentía un extremo dolor interno que le daba la certeza de seguir vivo.

Debajo de la regadera, quiso cantarla. Apenas iba en la segunda estrofa, cuando la voz se le quebró y una congoja suprema le cerró las cuerdas vocales.

—Treinta y dos, negativo —dijo—. Los números son fríos y casi siempre dicen la verdad.

Recordar al hombre que fue su líder y amigo en quien confiaba le dolía más que la costilla rota.

Tal vez sí le convenía hacer el ejercicio de reconciliación mental con él. Porque no podía seguir sintiéndose "despadrado". Aunque sus emociones le gritaban con toda vehemencia que no debía perdonarlo, esta vez el cerebro tenía razones que el corazón no entendía: necesitaba volver a tener padre; le urgía desesperadamente encontrar motivos para traerlo de nuevo a su vida. No porque se lo mereciera, sino porque él quería tenerlo. Malo o bueno, necesitaba un papá. Necesitaba a *su* papá.

Lo buscaría cuanto antes.

Recordó las palabras de Eva Sanz durante la presentación de su libro:

> Las cosas grandes no se hacen cuando se hacen sino cuando se deciden hacer. Mientras estemos vivos podemos decidir.

Cerró las llaves del agua y se dio cuenta de que no tenía toalla. Salió al vestidor buscando algo con qué secarse y encontró, sobre la banca de madera, junto a su ropa, una toalla doblada sobre dos bolsas de plástico transparente; en la primera bolsa había ropa interior nueva; en la segunda, un karategui blanco de tres piezas: chaqueta sin botones, *uwagi*, pantalón deportivo, *zubon*, y cinturón, *obi*. Sobre las bolsas, una nota escrita a mano:

Marco Polo: Eres un salmón real. Bienvenido al equipo de nuevo.

Los párpados se le llenaron de lágrimas.

Se vistió despacio. Saboreando el placer de volver a ponerse esa ropa. Incrédulo, asombrado, agradecido. Volvió a mirarse al espejo recién bañado y vestido. Ya no parecía el vagabundo que pasó la noche en una banca de cemento. Se veía de nuevo como lo que alguna vez fue... La manga derecha de su karategui tenía el bordado con hilos plateados de un salmón saltando contracorriente.

En tus venas corre la sangre de un guerrero. Eres un samurái. Experto en la batalla, no en la derrota.

Metió la ropa sucia en la bolsa de plástico. Salió de las regaderas y fue directo a la sala de juntas. Encontró a Drac de pie en la recepción.

Lo miró sin decir palabras.

El entrenador lo invitó señalando la mesa de reuniones.

—Pasa.

No le dijo "qué bien te ves ahora", ni "qué bien te queda el uniforme del equipo". Para Drac, la transformación del joven parecía natural.

Marco Polo avanzó en silencio, pero al pasar junto al

entrenador, se detuvo y lo abrazó. Fue un abrazo fuerte, prolongado; de gratitud y lealtad; de cariño y respeto.

—Estuve pensando lo que me dijiste —comentó al fin—, sobre el ejercicio de perdón hacia mi padre.

—¿Sí? ¿Y qué decidiste?

—Que no puedo hacerlo sin antes hablar con él. ¿Podemos posponerlo para otra ocasión?

—Por supuesto. Cuando estés listo. ¿Irás a verlo?

—No lo creo. Vive en Madrid.

—Entonces llámale por teléfono.

—Pero quiero mirarlo a la cara cuando hable conmigo.

—Hazle una videollamada, entonces.

—No tengo su número telefónico.

—¿Quién lo tiene?

—Mi mamá. La he oído hablar con él.

—Si te consigo el teléfono, ¿le llamarías ahorita?

> Las cosas grandes no se hacen cuando se hacen sino cuando se deciden hacer.

—Sí. ¿Por qué no?

34

TE AMO, PAPÁ

El cuarto donde pasó dos años hospedado en Monterrey no era lujoso. Era en realidad rústico, con instalaciones básicas. El problema más grande que tenía era que carecía de clima artificial. En verano era un horno y en invierno, un congelador.

Aunque Marco Polo se esforzó por hacer acogedor el cuarto, nunca logró acostumbrarse a él. Era como si la habitación fuera de alguien más. Como si espíritus territoriales que lo habitaban se empeñaran en hacerle las noches insoportables.

A las dos de la mañana desistió de dormir y volvió a prender la luz. Estaba sudando. Otra vez tenía a su padre en la mente. Trató de ahuyentar el recuerdo y no pudo.

Salió a los jardines. Sus tíos y primos dormían en el interior de la mansión. Él convivía en las villitas de mucamas, jardineros y choferes. Pero todos ellos también estaban profundamente dormidos.

Se esforzó por pensar en Dennali. En los peores momentos de su vida (y este era uno), cuando no sabía qué hacer para encontrar paz, pensaba en ella; dibujaba en su mente todos los detalles de momentos a su lado, sus aventuras locas, sus entrenamientos exhaustivos y sus momentos de romance en los que se besaban y acariciaban con una pasión ardiente.

Esa noche, no logró tener paz ni siquiera evocando a su Linda Lee.

Regresó a la habitación.

Otra vez su padre se imponía como un gigante que le obstruía el camino.

Le había compuesto una canción. La cantaba casi todas las noches. ¿Por qué la cantaba si le dolía tanto hacerlo?

Pensó. Quizá los masoquistas se causan un fuerte sufrimiento solo para acallar otro aún más intenso.

Tomó la guitarra y cantó de nuevo:

Quisiera que escucharas mi canción,

pues es mucho lo que hay en mi corazón.

Hay tanto que decirte, tanto que agradecerte...

Tú fuiste mi mejor amigo, a quien más admiré.

Yo seguí tus pasos, pero ahora, tus huellas no puedo ver.

La noche en que perdí a mi héroe, nunca olvidaré.

Dejaste el cielo sin estrellas, preguntas sin responder.

Y nunca entenderé por qué te fuiste sin despedir.

Y nunca entenderé por qué en la prueba no peleaste por mí.

Solo sé que te extraño como a nadie, y que no puedo vivir sin ti.

Solo sé que me haces mucha falta y que anhelo que estés aquí.

Ya no importan las razones que tuviste para partir.

Las letras de tu nombre permanecen en la arena que crucé.

Tu sangre corre por mis venas y sé que te llevo en la piel.

Dejaste tu sello en mi mente, un gran vacío en mi ser.

Quisiera abrazarte y no puedo... Me duele hoy más que ayer...

35

VIDEOLLAMADA

Drac llamó a Farah, y ella le pasó el teléfono de Guido.

Solo le advirtió:

—Aquí son las siete de la noche, pero en Madrid son las tres de la mañana. Si Marco Polo le llama a su padre a esta hora, lo va a encontrar dormido.

Drac ironizó con cierta crueldad, como si conociera a la perfección los más aflictivos avatares de Farah.

—Tal vez sea bueno que Guido, al menos una vez en la vida, se despierte de madrugada para atender a su hijo.

Farah rio.

—¿Ya comieron? Dennali y yo les preparamos algo.

—Sí. Comimos pizza. No se preocupen por nosotros.

—¿Tardarán mucho todavía?

—Ojalá que sí. Sería buena señal.

—Drac, no sé de qué estés hablando con mi hijo, pero gracias...

—Gracias a ti por la confianza.

El entrenador regresó a la sala de juntas donde había dejado al joven.

Marco caminaba alrededor de la mesa como repasando en la mente todo lo que quería decirle a su papá.

—Aquí está el teléfono.

—¿De veras? —Recibió el número escrito con una sonrisa de temor; diríase que en el fondo no quería conseguirlo.

—Solo debes estar consciente de la diferencia horaria, y de que tal vez tu padre no te conteste. Mucha gente pone su teléfono en modo avión para dormir.

—¿Mejor le hablo más tarde? ¿U otro día?

—No. Inténtalo de una vez.

Drac conectó el monitor a la computadora de la sala y abrió el programa de videollamadas.

—Listo. Te dejo solo.

Marco Polo respiró con lentitud. Apenas Drac salió de la sala de juntas marcó en el ordenador con un deseo secreto de que su padre no le contestara.

Habían sido cuatro años sin saber de él. Cuarenta y ocho meses. Mil cuatrocientos cuarenta días con sus noches, muchas de esas noches llenas de angustia, coraje, tristeza o malestar. A causa de él. A causa de sus actos deleznables y su ausencia inexplicable.

La tentativa de comunicación se malogró.

Dudó. Quiso desistir. Pero una voz interna lo forzó a volver a marcar. Estaba tan nervioso que no podía dejar de mover la pierna derecha, como si un martillo invisible le golpeara con intermitencia la rodilla, activándole el reflejo rotuliano.

Al fin entró la señal. Se escucharon tonos intermitentes. Sintió pánico. Iba a colgar, cuando alguien contestó. La cámara del celular receptor se movió en la oscuridad de un lado a otro, como si el destinatario se sintiese aturdido de recibir una videollamada a esa hora de la madrugada. La luz se encendió. Apareció el rostro de un hombre que buscaba sus lentes tanteando sobre lo que parecía ser la mesa lateral de una recámara.

—¿Hola? —dijo el joven—. Soy Marco.

—¿Quién?

—Marco Polo Zetina.

El hombre del otro lado terminó de ponerse los anteojos y no disimuló su asombro; se pasó la mano por la cabeza para alisar un poco su cabello desgreñado después de una profunda comunión con la almohada.

—¿Marco Polo? ¿Hijo? ¡Qué sorpresa!

—¿Tienes tiempo para hablar?

—Sí, sí... —Miró el reloj— Ah. Oh. Claro... —trastabilló—. A esta hora no suelo tener nada que hacer —y agregó—: Más que dormir...

—Perdona.

—Espera un segundo. —El hombre se incorporó; su lente tomó una ráfaga de la habitación: un sitio amplio con piso de madera y ventanales enormes cubiertos por persianas rayadas; la cama reveló brevemente el bulto de otra persona dormida debajo de las cobijas. La luz se apagó. Luego volvió a encenderse. Guido había salido del dormitorio y se encontraba ahora en un cuarto más pequeño. Detrás de él se veía ropa colgada.

—Listo, Marco. ¿Todo está bien por allá? No habrá pasado algo, ¿verdad? ¿Tu mamá está bien? ¿Tú hermana está bien?

—Sí, Guido, no te preocupes —lo llamó por su nombre de pila con toda deliberación—. Quería hablar contigo desde hace mucho.

—Ah. —Por más que procuraba parecer natural, el hombre no podía ocultar su sorpresa—. ¿Y eso?

—Necesitaba preguntarte —quiso ir al grano—, ¿por qué si hiciste un papel bueno, o al menos regular como papá, durante tantos años, al final terminaste cagándola —dijo la palabreja a propósito— de esa forma?

Guido carraspeó y frunció las cejas.

—¿Estás borracho?

—¿Y qué si lo estuviera? Creo que no tienes derecho de reclamarme. ¿O ya se te olvidó que tú fuiste el que se intoxicó bebiendo una botella de tequila y se descalabró golpeándose con el centro de mesa? Veo que todavía tienes la cicatriz en la frente. ¿No te avergüenzas de ella todos los días?

—A ver, a ver, ¿qué está pasando? —Parecía como si al fin hubiese logrado espabilarse—. No me gusta esta llamada; supongo que tu madre te dio mi número y está bien, pero ¿te parece si me hablas cuando estés más calmado y a una hora decente?

—La hora depende del lugar. Aquí son las siete de la noche y, créeme, estoy muy calmado. En comparación de como lo he estado otras veces tratando de comprender al menos por qué te fuiste sin despedirte.

—Yo no me fui. ¡Ustedes me corrieron!

—¿Quién te corrió?

—¡Tú, tu hermana y tu madre!

—No me hagas reír, Guido. Tú te fuiste por cobarde.

—Te voy a colgar. —Llevó la mano a la pantalla del celular como para oprimir el botón de corte.

—Perfecto —gritó Marco—. ¡Huye y escóndete de nuevo!

—A ver, niño —le habló como a un imberbe berrinchudo—. Yo no tengo problema en hablar contigo, solo que sí necesito saber cuál fue la razón por la que decidiste llamarme *justo ahorita*.

—¿La razón? —Estaba temblando de rabia; miró hacia otro lado—. Es muy simple, Guido. Te hablé *justo ahorita* porque me armé de valor y punto. Un día me subí al salto de caída libre, vi para abajo y me di cuenta de que si lo pensaba mucho nunca iba a aventarme. Ahora hice lo mismo. Me aventé sin pensarlo.

El hombre desde España infló las mejillas y sopló.

—De acuerdo. Como dicen los gringos, *fair enough*. Solo trata de calmarte. Hablemos como adultos. ¿Te parece?

Marco continuaba sin ver a la cámara; se aclaraba la garganta y enseñaba los dientes como si quisiera controlar un ataque de ansiedad.

—De acuerdo, Guido.

—¿Por qué me llamas así? Soy tu papá. Antes me decías *papá*.

—Antes —volteó a verlo de frente otra vez—, cuando lo eras. Porque algún día lo fuiste. Creo. Tener hijos es fácil. Cualquiera puede tener hijos. Incluso los perros. Solo hay que seguir algunos protocolos, digamos venéreos —insistió temblando—. Tener hijos es fácil. Pero en cambio ser padre es muy difícil. Debe de serlo. Porque implica otra cosa. Algo que los animales no pueden hacer.

Una decisión humana —se había aprendido las palabras de Farah—, de entregarse, anularse, humillarse y morirse si es necesario para beneficiar al niño que la persona ha decidido adoptar; sea de su sangre o no. Porque se necesita mucho más que sangre para ser familia.

El hombre escuchaba impávido. Aunque la conversación era álgida, ya no podía salirse de ella. Balbuceó:

—Sabía que algún día me reclamarías.

36

QUINCEAÑERA

Drac, afuera de la oficina, no podía evitar escuchar los gritos de la arrebatada disputa entre padre e hijo. Se sentía a la vez cómplice e intruso. Quería oír para poder aconsejar después con mayor precisión, y no oír para evitar parecer un fisgón. Optó por lo segundo. Se puso de pie y fue a su oficina privada; cerró la puerta. Se preparó un té. Pero aun ahí se oía la discusión.

No pudo evitar ponerse en los zapatos del joven.

Él mismo sufrió muchos años por los errores (bien intencionados, pero errores al fin) de su padre.

Se sentó en su sillón a recordar, moviendo la infusión con una cuchara.

El padre de Drac fue un hombre bueno (como el de Marco y la mayoría), solo tenía un defecto muy grave: se peleaba con la gente.

Varias veces, cuando Drac era niño, lo vio bajarse del auto para agarrarse a golpes con otro automovilista.

El día en que la hermana de Drac cumplió quince años, ocurrió lo peor. Iban todos a la fiesta; la adolescente lucía un vestido nuevo y pomposo; acababa de salir del salón de belleza. Caminaba recién maquillada por la acera, nerviosa y contenta. Antes de entrar al salón de fiestas, cuatro borrachos le faltaron el respeto.

El padre de la quinceañera los encaró.

La madre le pidió que se calmara.

Entonces los tipos insultaron a la madre también.

El papá de Drac no lo soportó. Era un hombre fuerte y aguerrido. Solía ir al gimnasio, hacía pesas, y cuando alguien le faltaba el respeto a su familia saltaba como león enfurecido.

Noqueó a tres de los borrachos, pero el cuarto tenía un cuchillo.

El padre de Drac no midió las consecuencias. Se enganchó en una pelea peligrosa e inútil.

La niña de quince años, Drac de catorce y el hermanito de diez vieron a su padre morir en la banqueta.

Todo cambió a partir de ese día.

La familia se fracturó, primero por la desgracia, después por el coraje.

La quinceañera perdió la belleza de su inocencia y se volvió rebelde. (Es lo que hacen muchos jóvenes cuando no pueden procesar el dolor). Por fortuna, su madre y ella fueron a terapia psicológica durante años, hasta que pudieron hacer algo parecido a perdonar; primero a los asesinos y después al padre y esposo que las abandonó por imprudente.

Drac se metió a estudiar artes marciales. Eso lo rescató del pozo más profundo. Su hermano menor falleció en un accidente de motociclismo.

37

TREINTA Y DOS NEGATIVO

En la sala de juntas continuaba el altercado entre padre e hijo.

Marco Polo hablaba con modos más respetuosos, pero sin dejar de exigir respuestas:

—Guido, dijiste que nadie nos descubriría, ¡y te equivocaste! ¡Nos descubrieron! ¡No tenías un plan B! No hiciste una estrategia de defensa para limpiar mi nombre, ni el tuyo, ni el de Dennali, ni el de la escuela de Drac. En vez de eso, te intoxicaste y te rompiste el cráneo. Por si fuera poco, nos confesaste que eras un degenerado sexual y tenías dos familias.

—Yo no era un degenerado ni tenía dos familias.

—Claro que sí. Hay frases que se graban como marcas de forja en el corazón. Tú le dijiste a mi madre: "Nuestro matrimonio apesta. Por eso tengo amigas sexuales en la computadora".

—Estaba muy tomado y nunca debí decir eso; ni siquiera recuerdo haberlo dicho.

—Pues lo dijiste, carajo. Lo dijiste. Y tus hijos nos dimos cuenta de que nuestro padre era un pervertido.

—Yo no era un pervertido, Marco. Solo tuve algunas relaciones virtuales, que fueron como juegos. Pero no pasó de ahí.

—¿Como juegos? ¡Qué bonitos juegos! Y qué bonito ejemplo. Ahora puedo estar más tranquilo al saber que mi papá solo se desnudaba frente a la cámara de la computadora y se acariciaba mirando a una desconocida hacer lo mismo del otro lado. Pero no pasó de ahí. Es muy reconfortante.

—Las cosas no fueron así —la apariencia de Guido era más insegura y disminuida, como la de un animalito acorralado que opta por hacerse el muerto—, yo solo chateaba con mujeres, de forma inadecuada, tal vez, para tratar de hacer reaccionar a tu madre.

—Oh. Ya veo, entonces la culpa la tuvo mi madre.

—De alguna forma, sí. Ella era muy fría. Me refiero al tema físico. Casi nunca consentía tener relaciones íntimas conmigo. Si hacíamos el amor una vez al mes, era mucho. Un matrimonio sin sexo no es matrimonio.

Marco sacudió la cabeza para alejar la imagen que le repugnó. Los hijos no suelen soportar la idea de que sus padres tengan sexo.

—Pero tus escapes eróticos no eran solo virtuales. También dijiste: "En la vida real mi novia es joven y delgada. Noruega. Caray. Qué bonita es. No me gusta estar solo y sin caricias".

—Si dije eso, el sentido fue literal. Me sentía solo. Hasta ese momento mi única esposa era tu madre. Tú no sabes esto, pero yo tuve una novia con la que viví en unión libre. Éramos muy jóvenes; estábamos solteros. Se embarazó y dio a luz a un hijo mío. No nos entendimos; ella era superficial y hasta un poco racista. Me dejó por otro de su país. Regresé a México. Después conocí a tu mamá y formé mi familia con ella. Mi verdadera familia. Farah y yo acordamos que no hablaríamos de nuestros pasados... hasta el día del descalabro, cuando ella sacó el tema de que yo tenía otro hijo.

—Vaya. —Apretó los dientes sin poder asimilar tanta información—. ¿Cómo es que vivimos diecinueve años juntos y nunca te conocí bien? —Le mostró varias hojas rayadas—. Acabo de hacer un análisis de mi herencia paterna. ¿Sabes la calificación que sacaste? Si hubiese sido cincuenta habrías reprobado. Si hubiese sido cero, es como si jamás hubieras existido. ¡Pues obtuviste treinta y dos negativo! ¡Negativo, señor!

—Ah, ya veo. Ahora entiendo por qué me llamaste. Algún terapeuta te dejó esa tarea. —Movió la cabeza como tratando de ver detalles en la cámara—. Fue Drac, ¿verdad? Veo que tienes puesto el kimono del *dojo*.

—Eres muy observador, Guido. ¿Y ya te diste cuenta de que también tengo una herida en la frente? —El joven se señaló con el índice—. Me descalabré, igual que tú. El otro día estaba ante el espejo y tuve un arranque de coraje. El vidrio se hizo añicos. Es lo que me enseñaste.

Guido arqueó las cejas. Su cabeza parecía amorfa y asimétrica por el cabello descompuesto.

—Mi pecado más grande fue amarte demasiado, hijo.

—Bonita frase. Ahora también ves telenovelas.

—No. Escúchame. —Levantó las dos manos y las volvió

a bajar como para detener los reclamos y hablar tranquilamente—. De pequeño fuiste tan vivaracho que tu madre y yo decíamos que eras un niño genio y tratamos de adelantarte en la escuela. Creíamos que eso te ayudaría a desarrollarte. Entré a la base de datos del registro civil y te creé documentos nuevos poniéndote una edad dieciocho meses mayor. Así te inscribimos a la escuela primaria. Con niños más grandes. Y aunque pudiste con las asignaturas académicas, tus compañeros te acabaron moralmente. Siempre fuiste el más pequeño, el más burlado y molestado por grandulones. Cuando ibas a entrar a la secundaria, Farah me platicó que el marido de Eva, su gran amiga, tenía una escuela de artes marciales. Decidimos inscribirte, aunque esta vez tenías que usar tu edad real. No podías competir contra niños más grandes. Y pensándolo bien, si yo era capaz de alterar las bases de datos del registro civil y del sistema educativo ¿por qué no hacerte ahora dieciocho meses más chico? Según yo, tú necesitabas esa ayuda, porque eras demasiado flacucho y débil. Lo reconozco. Fue error tras error. Pero experimenté la misma adrenalina del delincuente que tiene éxito una vez y quiere repetir su fechoría, o la adicción de los pacientes que se someten a una cirugía plástica y quieren seguir cambiándose el cuerpo hasta que quedan como adefesios. Con el tiempo me convertí en el encargado de los sistemas computacionales de la Confederación de Artes Marciales, y siempre que podía modificaba un poco los puntajes históricos para que tú estuvieras a la cabeza. Ponía candados a todo. Era imposible que me descubrieran.

—¿Por qué hiciste eso, papá? ¡De verdad estabas enfermo! Si lo pensamos fríamente, como robots sin moral, de acuerdo, yo necesité ayuda cuando fui niño. Me desarrollé tarde y todos me golpeaban en la escuela; fui enclenque y malo para el deporte, pero a los dieciséis años crecí y a los diecisiete ya era más alto que todos; más alto que tú. Y me volví ágil; atlético. Ya no necesitaba que nadie me ayudara a ganar —fue elevando el volumen hasta escandalizar—. ¡Ganaba por mis propios, putos, malditos méritos! ¿Acaso no te dabas cuenta? Si ya habías alterado mis papeles, ¿por qué diablos no quitaste tus puercas manos de mí? ¡Hackeabas los sensores electrónicos de mis petos para que no registraran las patadas que recibía! ¡Yo ni siquiera sabía que hacías eso, hasta que sacaron la evidencia en la Confederación! Y luego... ¡por Dios! Me diste a tomar un té energético misterioso que conseguiste en tus viajes a Indochina que al final resultó prohibido por las reglas del dopaje.

—Le hice análisis químicos al té —quiso defenderse—, y revisé los componentes con mucho cuidado; ¡no tenía ninguna sustancia peligrosa ni prohibida! El té solo te ponía alerta y más ágil. Ayudaba de forma legal.

—Claro. Legal. El problema fue cuando aumentaste la concentración y gané competencias importantes tomando una triple cantidad de tu maldito té. Pasé a la historia como un deportista drogadicto. ¿Te gustaba la alquimia? Pues a mí también. Lo aprendí de ti. ¿Sabes dónde pasé la noche ayer? ¡En la cárcel! Me he vuelto un experto en descarboxilar marihuana para hacer pastas concentradas a las que les muelo setas alucinógenas, ¡y se las vendo a mis amigos, para ayudarlos a ser felices y a lograr todos sus sueños! —carraspeó sintiendo que la ira no lo dejaba respirar—, te he imitado en todo, Guido, somos igual de viles. Tenemos esencia de delincuentes —añadió con odio—, de tal palo tal astilla...

El hombre al otro lado del océano entendió que años atrás, sin querer, había sembrado las larvas de un parásito despiadado que ahora vivía en el alma de su hijo y estaba devorándolo, pero también comprendió que no podía hacer nada para revertir el daño.

—Soy un imbécil —reconoció—, ¿cómo te ayudo ahora?

—¡Ya no me ayudes, por favor!

—Hijo, perdóname. La cagué, como tú dices. Pero hubo un contexto. No es excusa: tuve una juventud difícil; mi padre, alcohólico, me maltrataba y jamás me tendió la mano ni se interesó en ayudarme. Prometí que cuando yo fuera padre no iba a permitir que mis hijos sufrieran como yo sufrí. Haría cualquier cosa por allanarles el camino... Y lo hice. Tomé malas decisiones pensando que eran buenas. Soy un genio para las computadoras y un estúpido para las relaciones humanas; y para educar hijos, pero siempre te he amado con todo el corazón. Y te he extrañado... A ti y a Karen.

—Es bueno saberlo —Marco ya no tenía energías para seguir discutiendo. Y a pesar de que la charla con su padre parecía haber sido improductiva, en el fondo de su ser sentía cierto descanso; al menos había sacado todo el veneno acumulado—; pero no es suficiente decir que siempre nos has amado. El amor se demuestra con hechos. Tiempo, respeto, renuncia, abrazos, elogios, trabajo, obsequios.

—Sí, Marco, lo entiendo. Perdóname por favor. Te quiero mucho. De verdad. ¿Nos hablamos en otra ocasión? ¿Seguimos en contacto?

—Claro.

—Salúdame a Drac, por favor.

38

METAL PESADO

Dennali se bañó en casa de Farah. Se puso ropa cómoda, prestada (aunque le quedaba grande), y alcanzó a Farah, que estaba sentada en el piano.

Habían tenido tiempo de ahondar en detalles que desconocían una de la otra. Quiso que terminara de contarle lo que había sucedido en Monterrey.

—¿Y qué hiciste cuando saliste de la casa de tu hermana? —preguntó Dennali—. ¿Tomaste un taxi? ¿Fuiste al Tec para dar de baja a Marco?

—Nada de eso. Caminé por las calles del Centrito de San Pedro sin poder controlar la congoja. ¡Yo le di la idea a mi hijo (y casi lo obligué) de irse a vivir con sus tíos! ¡Yo le dije que confiara en su padrino y se metiera a estudiar la carrera que él le sugería! Yo me consideré incompetente para darle el amor que necesitaba, después del día del descalabro.

—Siempre me ha causado hilaridad la forma en que nombran aquel día —dijo Dennali—, es casi de humor negro.

—¿Cómo le dirías tú?

—Exactamente así.

—Pues después de ese día, debí sentarme con mis hijos (y con mi esposo, que todavía estaba en la casa) a reorganizarnos y pensar en soluciones. No lo hice. Me llené de sospechas, miedo, ira, impotencia; y preferí que mi hermana millonaria se encargara de ayudarme a orientar a Marco. Pero ella no lo hizo. Cuando salí de su casa en esa desafortunada visita, traté de llamarle a mi hijo. Su teléfono me mandó a buzón. Varias veces. Le dejé recado. Le dije que estaba en Monterrey y quería verlo. Finalmente detuve un taxi. Entonces recibí la llamada. Creí que era él. Contesté a toda prisa. Era mi hermana. Estaba acongojada. Ya no hablaba con pedantería. Su voz era la voz amorosa y amigable que siempre conocí. Me pidió perdón por haberse comportado mal conmigo; me dijo que estaba muy avergonzada por no haber orientado a Marco Polo como él necesitaba. Y dijo: "No lo des de baja de la escuela; te prometo que hoy mismo lo mudaré a vivir adentro de la casa, y comenzaré a cuidarlo como si fuera mi propio hijo; le voy a decir a mi esposo que lo invite a trabajar con sus primos; verás que le va a gustar". Yo no podía creer el cambio. Me parecía que hablaba con una persona distinta a la que acababa de ver unos minutos antes. Le confesé que estaba desesperada. Ella me tranquilizó. Me pidió otra oportunidad. Entonces pedí al taxista que me llevara de nuevo al aeropuerto.

Dennali escuchaba con mucha atención. Asumió:

—Y dejaste a Marco más tiempo allá.

—Sí. Ya llevaba un año en Monterrey. Completó otro. Dos en total. Tirados a la basura. Aunque hablaba por teléfono con él y trataba de darle ánimos, siempre contestaba con evasivas. Hasta que mi hermana volvió a llamarme. Otra vez con esa actitud presumida y soberbia como de nueva cortesana de palacio. Me dijo que mi hijo no tenía remedio. "Nunca quiso mudarse a una habitación dentro de la casa. Sigue faltando a clases, la policía está investigándolo por robo, sale con mujeres de mala reputación, y hasta creo que ha comenzado a fumar marihuana; la motocicleta que le dimos no ha servido más que para agrandar su indisciplina; te dije que era mala idea. Así que, Farhita, solo te aviso que ya no puedo hacerme responsable de él". La llamada de mi hermana fue como si me cayera un balde de hielos sobre la cabeza. Días después compuse una canción que no le he compartido a nadie. Se llama *Me levantaré*. Era para Marco, pero sobre todo era para mí.

—¿Y a Karen no le compartes tus canciones?

—A ella no le gustan. Es aficionada al metal pesado —se encogió de hombros—, no tiene nada de malo. El problema es que todo lo que hace ahora también es muestra de rebeldía. Odia a su padre porque le dijo que como era muy mala pintora, él tuvo que pagar para que exhibieran sus dibujos; y lo odia por muchas otras cosas. Sobre todo porque la abandonó.

—Sí... —Dennali declaró con toda certidumbre—. Tus hijos nunca van a estar bien hasta que se reconcilien con su papá.

—Y tal vez conmigo. Tarde o temprano se van a enterar de que yo también tuve mucho que ver en la fractura de la familia.

—¿Por qué dices eso, Farah? Tu marido te engañó.

—Sí, solo que quizá yo lo orillé. Dennali, te voy a confesar algo que desconoces. Es un tema muy personal —se puso de pie para abrir la tapa del banco en el que estaba sentada y donde guardaba las partituras para tocar el piano. Del fondo sacó un folder—, no sé si sabías que tu mamá me escribía cartas. Aquí las guardo. Como un tesoro.

La chica se puso de pie para conocer el contenido del fólder.

—No lo sabía.

El rostro desencajado de Farah le reveló que estaba a punto de decirle algo de suma importancia.

39

PERDÓN

Drac regresó con Marco Polo a la mesa de reuniones.

Encontró al joven inmóvil, en ascuas, como quien se acaba de comer una gallina entera y se ha quedado agarrotado sin poder digerirla. Omitió preguntarle cómo le había ido en la llamada.

—Necesitas quitarte ese peso que te está aplastando —dijo Drac—. Cuanto antes, mejor.

Marco Polo consintió con un movimiento de cabeza.

—De acuerdo.

—Tal vez duela.

—Adelante. No le tengo miedo al dolor.

—Ven. Vamos a otra sala.

Salieron del salón ejecutivo y entraron a un cuarto aledaño. Era mucho más pequeño. Solo tenía dos sillones individuales. No había ventanas, ni luz blanca. La habitación estaba en tinieblas, solo alumbrada por una discreta tira de leds en el contorno. Había música de fondo muy suave y ligeramente oriental. Kitaro.

—Siéntate por favor.

Marco se dejó caer en el sillón mullido.

—Qué lugar tan tranquilo. Si me dejas aquí un rato solo, me voy a dormir.

—No vas a estar solo. Vas a estar contigo mismo. Con tus pensamientos y recuerdos más intensos. Necesito que te concentres —se sentó frente a él y empezó a hablar con un tono suave, casi confidencial—. Ya tienes bien clara la forma en que tu padre te falló. Ya hablaste con él. Sabes en qué se equivocó. Te has dado cuenta de cómo son las cadenas de dolor que él te puso y has percibido el coraje como un gas ardiente que te ha quitado la paz. Hoy vas a liberarte.

Las luces apagadas y la música suave le daban al pequeño cuarto un ambiente de aislamiento; era como si se hubiesen salido del mundo para entrar a otra realidad; como si estuviesen flotando en una cápsula en el espacio.

—Marco, junta por favor tus dos manos haciendo un cuenco —hizo la muestra—, así. Como si guardaras entre las palmas un vapor que no quieres dejar escapar; ahora, sin soltar esa posición, coloca las manos sobre el pecho. Agacha la cabeza y no cierres los ojos; enfócalos en un punto.

Drac dirigía una visualización más parecida al hipnotismo que a la terapia breve; hablaba de manera pausada y cadenciosa.

—Acabas de analizar con el raciocinio la forma en que tu papá te falló. Ahora vas a entrar a tus emociones. A ese lugar recóndito de tu ser donde guardas los recuerdos más amargos. Vas a revivir el momento en que te enteraste de que él te había involucrado en una mentira de la que no podías salir. Recuerda la terrible humillación que te asfixió cuando estuviste en medio de esa sala, acusado por faltas que tu papá propició; recuerda cuando volteaste a verlo y te diste cuenta de que él mismo estaba derrotado y había renunciado a defenderte. Recuerda el terror que sentiste cuando lo viste borracho golpeándose la cabeza —Marco levantó la vista unos segundos; había olvidado que Dennali le contaba todo—, revive tu pasmo al enterarte de que tu padre tenía otra familia. Recuerda el llanto de tu mamá. Y el de tu hermana. El tuyo propio. En este momento, todas esas emociones oscuras que tu papá te causó, vas a sacarlas de tu pecho y las vas a atrapar en el hueco que hay entre tus manos. Hazlo. Imagina que puedes atrapar todo el dolor, todo el coraje, todo el llanto que ha habido en tu corazón y ahora lo tienes apresado entre tus manos.

Se concentró en hacer el ejercicio mental y alzó un poco el mentón. El levísimo brillo de la tira de leds le permitió ver la silueta del entrenador frente a él.

—Sigue recordando —prosiguió el *coach*—: esos días cuando eras más pequeño y tu papá te hizo sentir tristeza o coraje; cuando con su ausencia o sus reacciones violentas te causó miedo, pánico, ansiedad, inseguridad, tristeza, depresión.

Karen y él eran niños. Su padre tomaba alcohol, y se volvía otro. Una tarde en la que Marco le dijo que no iba a ir a su clase vespertina porque estaba enfermo, Guido le gritó: "Enfermo, mis huevos, a ti no te gusta estudiar, ¡pero no se tratara de andar en patineta porque ya estarías en la calle!". Marco Polo le respondió: "Eres un mal padre; nunca me escuchas". Apenas había terminado de decir la última palabra sintió cómo Guido le soltaba una recia y sonora bofetada que le volteaba la cara.

—Toma todas esas emociones que estás sacando del baúl de los recuerdos y métela al hueco que hay entre tus manos. Aprisiónalas ahí. Percibe cómo el aire que tienes contenido en ese cuenco se va tornando pestilente y venenoso, porque ahí, entre tus manos, están contenidas todas las emociones paralizantes que tu papá te causó cuando te ignoró, cuando te gritó, cuando te regañó injustamente, cuando no te valoró, o te hizo sentir poca cosa.

¿Te pegaron tus compañeros? ¿Tu maestra te dejó doble tarea? Deja de llorar. Creímos que eras más inteligente que los niños de tu edad. Pero fue un error. Nos equivocamos. Aunque no seas muy listo, ingéniatelas. Te voy a meter a box o a karate. Eres demasiado débil.

Fue evocando escenas de muchos otros momentos en los que su papá lo menospreció.

Te vas a caer, siempre te caes. No sabes hablar, mejor cállate. Otra vez tiraste la leche. Niño idiota. Fíjate en lo que haces. Conecta el maldito cerebro. ¿Qué se siente cargar una cabeza y nunca usarla? Eres igual que tu hermana. Inmaduro. Tonto.

—Papá, vamos a la montaña, con mis amigos; haremos una excursión para acampar.

—A mí invítame a un museo. O mejor ponte a estudiar. Sé un poco más culto. Menos ignorante. Lee libros. ¿Cuántos leíste este mes? Ni siquiera te he visto abrir uno. Seguro tienes déficit de atención con hiperactividad. O de plano solo eres un tonto que se la pasa corriendo y brincando como chivo loco.

Drac seguía haciendo la reflexión:

—Deja que ese gas que ahora tienes atrapado en el cuenco de tus palmas se humedezca con las lágrimas de rabia que bordearon tus párpados cuando papá no te escuchó, no te comprendió, te dijo que te callaras, o no te dejó expresar lo que sentías. Llena ese espacio con el dolor que te abrumó cuando te diste cuenta de que por causa de tu padre perdiste a la familia que tanto amabas y viste a tu hermanita llenarse de coraje y rebeldía.

> Karen cree que pinta bien, pero no es cierto. Por esto tuve que pagar para que pusieran sus caricaturas en la exposición.

—Deja que la rabia de verlo borracho, perdiendo el control, golpeándose la cara, y diciendo que es un inútil se acumule en el cuenco de tus manos... ¿Puedes sentirlo? Todo está ahí. Todo lo malo, todo lo sucio, todo lo que te ha hecho sufrir por años, lo sacaste de tu interior. Por eso tus manos están calientes. Y tiemblan. También saca de tu pecho cualquier coraje o dolor que te haya causado tu mamá. De cuando se equivocó, de cuando te juzgó, de cuando te criticó o te ignoró... —Drac hablaba con lentitud y aplomo; subrayando cada idea—. No dejes ninguna emoción negativa que hayan provocado tus padres dentro de ti. Respira. Concéntrate. Literalmente, ahora tienes todo lo malo de tu pasado ahí, aprisionado, contenido, pero te está quemando. Aguanta un poco más. Es un vapor que no quieres cerca. No más. Te vas a liberar de él para siempre.

Marco avizoró que en efecto le estaba ocurriendo algo fuera de lo normal; las manos le quemaban. Nunca había creído que tuviera tantos recuerdos enfermos que desechar. Durante el ejercicio había visto decenas de momentos, como desfile de fotografías, en los que él y su hermana habían llorado por causa de sus papás.

—Muy bien —siguió Drac—. Ahora vas a realizar una de las acciones más importantes de toda tu vida. Cuando yo cuente hasta tres vas a levantar tus dos manos apretadas y las vas a empujar gritando hacia arriba. No lo hagas todavía. Primero piensa bien lo que harás —y repitió despacio—: Vas a deshacerte de esos sentimientos malos, putrefactos, que ya sacaste de ti y que representan tanto dolor... vas a arrojarlos lejos; como vapor venenoso verás cómo todo se va por el techo a través del extractor y se esfuma de tu vida para siempre. Comprende la importancia de lo que estás a punto de realizar. Cuando yo cuente tres, levantarás las manos y lo soltarás dando un grito muy fuerte; lo más fuerte que puedas. ¿Estás listo?... Uno... Dos... Tres...

Marco levantó las manos, las abrió en el aire y dio un alarido desgarrador que duró varios segundos. Su voz acalló la música del lugar y generó un eco que repercutió en las paredes durante algunos instantes. A lo lejos, en la calle, perros comenzaron a ladrar.

Se derrumbó y musitó como el guerrero abatido que se pone a llorar antes del desmayo:

—Duele...

Y continuó sollozando.

40

E L A

Cuatro y medio años atrás.

Marco Polo y Dennali caminaban por un sendero peatonal.

Era una época extraña. Aunque les iba muy bien en el deporte y habían aprendido a quererse con un amor irrompible, estaban preocupados por Eva, la madre de Dennali.

Ese día la habían dado de alta. Los doctores estaban asombrados. Nunca habían visto un caso como el de la escritora (así le decían). Enferma de ELA, uno de los males degenerativos más violentos, Eva parecía tener cierto control sobre la enfermedad. Cada vez que su cuerpo la tiraba, su mente la levantaba.

—Ayer, por primera vez —dijo Dennali—, pensé que mi mami se moría. Estuvo conectada a muchos aparatos que le dieron un ritmo de vida casi artificial.

—Sí. Qué susto nos dio —comentó Marco Polo—. Es increíble cómo consigue volver a estar bien de nuevo, una y otra vez.

Dennali se sentó al borde de una fuente apagada. Marco Polo la abrazó por la espalda hermanándose a su consternación. Aunque la chica debía estar alegre por la recuperación de su madre, sentía la pesadumbre de haber visto de cerca el fantasma de la muerte. Y no podía quitarlo de su pensamiento.

Esa semana, la recaída de Eva Sanz fue casi fatal. Su enfermedad le había afectado los músculos respiratorios, especialmente el diafragma, y aunque tenía necesidad imperiosa de respirar, el reflejo motor que hacía mover los pulmones se paralizó. También se le juntaron los problemas para comer y beber. Como los músculos de la deglución disminuyeron su actividad al mínimo, el alimento se le quedaba atorado en el esófago; entonces tenía que toser, pero los músculos del reflejo de la tos se atrofiaron de igual forma. Dennali estaba con ella cuando tuvo la crisis. No podía superarlo.

—Linda Lee —la consoló Marco—, todo va a estar bien. Tu madre es una guerrera. Seguro nos va a vivir muchos años.

—No lo sé. Más bien no lo creo. —Desconsolada, abrazó a Marco con ambas manos y se acurrucó en su pecho—. Mi mamá es todo para mí. No sé qué voy a hacer cuando se muera. Y, la verdad, creo que eso sucederá muy pronto.

Marco le acarició la cabeza con ternura. Entretejió sus dedos en el cabello de su novia y comenzó a darle un masaje. Ella ronroneó y le agradeció. Luego preguntó:

—¿Tú crees en la vida después de la muerte?

—Sí —contestó Marco—, creo que nuestros seres queridos que fallecen van a un lugar mejor. Donde no hay dolor. Donde no existen enfermedades y tienen un cuerpo fuerte y sano. Creo que alguna vez nosotros también estaremos ahí, y volveremos a ver a nuestros familiares.

—Yo también creo eso. Mejor dicho. Lo espero.

Había lloviznado un poco y una agradable humedad se levantaba como vapores de neblina.

Se besaron.

41

DIOS

La música de fondo pareció escucharse con más énfasis. O tal vez Drac subió un poco el volumen para permitirle al chico desahogarse con cierta privacidad.

Después de unos minutos expresó con voz fraterna:

—Marco, cuando tus padres te conocieron debieron llenarse de alegría, y quizá también tuvieron miedo. La llegada de un hijo siempre viene acompañada de una mezcla de júbilo y sensación de insuficiencia. Lo cierto es que hicieron lo mejor que pudieron por ti. Acertaron mucho y se equivocaron mucho. Deja de juzgarlos. Deja de querer lapidarlos. Claro que a ti te hubiera gustado tener padres perfectos, pero es un deseo injusto, porque tú no eres perfecto. También has cometido multitud de errores y has tomado infinidad de malas decisiones. Y cuando fallaste tampoco querías fallar. Como ellos. Tus padres son seres humanos, igual a ti. Que se preocupan, se descuidan, se avergüenzan, se atemorizan, se abruman, se arrepienten, se sienten solos y en el secreto de su soledad, aunque no se lo digan a nadie, se lamentan profundamente por haberte lastimado. —Marco continuaba doblado sobre su abdomen tratando de controlar un repentino afluente de náuseas y sofoco que lo había invadido—. Escúchame, hijo. Levanta un poco la cabeza y vuelve a unir las manos —obedeció con torpeza—, ahora pega tus palmas en el pecho y susurra despacio —el *coach* lentificó sus frases para darle tiempo al joven de repetirlas—. Di en voz alta: "Gracias, papá... gracias por lo que me diste... gracias por tu esfuerzo... gracias por tu amor... perdóname... porque yo tampoco he sido el hijo que tú hubieras querido tener... Perdóname por mis errores... lamento mucho lo que pasó... papá, me hiciste daño pero ya me liberé... quiero decirte que ya no voy a juzgarte, que ya no voy a guardarte rencor, que si había algún sentimiento negativo hacia ti en mi interior, hace unos minutos lo arranqué de mi ser y lo expulsé. Ya no lo tengo conmigo... pero estoy adolorido. Y necesito sanar. Por eso te digo de nuevo: Gracias, papá... perdóname... te perdono... te amo".

Marco repitió las palabras entre vahídos y llanto. Comenzó a toser y expulsar saliva. Drac le acercó un bote de basura para que expeliera en él toda la hiel y ponzoña que lo había intoxicado por años.

Después de un rato se calmó. Siguió llorando con la aflicción de un niño. Drac se puso de pie y le tocó el hombro para invitarlo a levantarse. El joven giró la cabeza y vio a su entrenador con los brazos abiertos. Se irguió despacio. Se abrazaron. Comprendió a cabalidad las afirmaciones: *Los abrazos son bálsamo. Los abrazos consuelan. Los abrazos brindan seguridad. Los abrazos pueden sanar.* Pensó: "Es increíble que las personas que se aman y las familias mismas puedan sobrevivir sin abrazarse". Después de ese largo, estrecho y sincero contacto, Marco se sintió mejor. Drac le dijo:

—¿Sabes que el espíritu también necesita ser abrazado? Escúchame, Marco; esto que voy a decirte no tiene nada que ver con la religión ni con las creencias humanas. Es algo metafísico. Las personas tenemos una parte espiritual. Entre nosotros abrazamos el alma de manera frugal y limitadamente, a través de los elogios; pero el verdadero abrazo del espíritu solo lo puede dar el Ser incorpóreo que te creó y que te ama con amor infinito. No sé cuál sea tu concepción de Dios. No sé ni siquiera si crees en Él, pero te puedo decir con absoluta seguridad que hay una Fuerza Superior que no podemos ver y que quiere consolarte desde lo más profundo del espíritu. Vuelve a tomar asiento, por favor. Cierra los ojos y percibe lo que trato de decirte. Concéntrate. Algo muy grande está aquí. No le pongas nombre. No trates de encasillarlo. No lo limites a una idea. Solo percibe su presencia como calor en tu alma, como vibración sutil. Es la Fuerza de amor infinitamente poderosa que te dio la vida y te regala el privilegio de respirar... Muchos le dicen Padre celestial. Y otros no pueden llamarle así porque su padre terrenal los lastimó tanto que han vetado esa palabra. Pero siéntelo y date cuenta de que eres muy pequeño frente a él. Y que, en efecto, eres su hijo. Su hijo amado. Déjate abrazar por él. Y dile en secreto lo que sientes... Escucha este poema de sinceridad...

La melodía de fondo cambió por otra mucho más dulce, grabada y cantada por su madre. Marco se sorprendió porque no se la había escuchado antes. Si Farah la compuso, la mantuvo en secreto. Y si no la compuso (y solo la interpretó alguna vez), el *coach* la grabó para su colección. Lo cierto es que la plegaria fusionaba la petición de auxilio de él y de su madre.

Me he sentido tan lejos de ti. Cansada estoy de vivir así.

Extraño tu presencia y tu amor en mi alma.

Tengo que confesarte, Señor, que atravieso un desierto en mi vida.

En mi ser ya no queda esperanza ni fuerza. Ya no puedo más...

Pero hoy clamo a ti, quiero tu abrazo en mí.

Pues ya no puedo sola y necesito ayuda para seguir.

A veces me siento tan confundida.

Me encuentro sin rumbo y salida.

Hay momentos en que solo veo neblina.

Quiero que hoy sepas, mi Dios, que no me apartaré de tu amor.

Y aunque ande en las sombras, yo sé que conmigo estarás.

Pues tú tienes un plan que no puedo imaginar.

Y aunque no lo entiendo, yo sé que es perfecto, en ti voy a confiar.

A ti me aferraré y no me soltaré.

En ti voy a confiar.

Cuando la canción terminó, se sucedió un silencio absoluto. Luego, Marco habló limpiándose la cara con el puño de la camisa.

—Gracias Drac; dolió, pero valió la pena.

42

A N T I S E X U A L

Se había hecho de noche. Farah había sacado las cartas que Eva le escribió de puño y letra.

Dennali estaba ansiosa por conocer qué decían esas cartas y entender el secreto que Farah había guardado.

—Antes de mostrarte algo que tu mamá me escribió, quiero contarte por qué creo que yo tuve gran parte de culpa en la fractura de mi familia. —Farah inspiró un par de veces y comenzó—. Me eduqué en un colegio de monjas extremadamente conservadoras. Crecí con mi abuelita que me inculcó mil prejuicios. Aprendí que el sexo era algo sucio y pecaminoso; para colmo, en la universidad, un compañero quiso abusar de mí y me lastimó; toda la vida he tenido hipersensibilidad vaginal. —Se encogió de hombros como si explicar eso fuera suficiente para sacar conclusiones—. Yo fui una esposa completamente antisexual. —Abrió el preciado fólder y extrajo una de las cartas de Eva—. Tu mamá siempre me conminó a cambiar; por ejemplo; mira lo que dice esta nota:

Amiga, deja de cuidar a tu bebé y cuida más a tu marido. Si la lactancia disminuye tu deseo sexual ¡deja de lactar!, ¡si atender al niño te quita la energía para hacer el amor, deja de atender tanto al niño!

Sonrió con tristeza.

—Como ves, mi problema proviene desde que nuestros hijos eran bebés —leyó—:

> Puedes decir que amas a tu esposo, pero si no lo tocas lo suficiente, si no lo acaricias, no lo abrazas, no lo besas, y no haces el amor con él lo suficiente, en realidad no lo amas. O no te interesa amarlo. O no sabes amar. Si algo no está bien con tus ideas o con tu cuerpo, atiéndete pronto; haz lo necesario para convertirte en una esposa sensual; es prioritario sobre cualquier otro trabajo o actividad que realices. Todos los días, sin que falte uno solo, deja que tu marido se deleite en tu cuerpo. Aprende a dormir desnuda con él. También tú, aprende a disfrutar cada centímetro de su físico. ¿Cuándo? ¡Todos los días! Jamás te duermas sin tocarlo. Aunque ustedes estén bien o mal, felices o enojados, hagan el amor.

Dennali hizo un pequeño guiño de asco. (Los hijos no suelen soportar la idea de que sus padres tengan sexo).

—Con todo respeto, Farah, lo que acabas de decirme no justifica que tu esposo te haya sido infiel.

—Él no me fue infiel de manera real. Al menos eso juraba.

—¿No vive con otra mujer con la que tiene otro hijo?

—Pero su otra pareja e hijo los tuvo antes de conocerme a mí. Prometimos que nunca hablaríamos del pasado. Y así fue. Hasta el día del descalabro que yo saqué todo a flote y se hizo una confusión.

—A ver. Supongamos, sin conceder, que nunca te fue infiel. Pero de todas formas, tú lo sorprendiste teniendo escapes inadecuados en Internet.

—Sí. —Volvió a hojear las notas que Eva le había escrito—. Tu madre era una socióloga sobresaliente; por eso sus libros tuvieron tanto éxito. Fue un privilegio tenerla como amiga y que me diera consejos personales, sin embargo yo no le hice caso —leyó—:

Farah, ¿sospechas que Guido te es infiel? ¡Ustedes tienen que hablar! Las dudas que no se dirimen crecen. Los celos llevan a las parejas a hacer tormentas monstruosas en vasos de agua. Pon las cosas en claro. ¿Dices que lo descubriste manteniendo conversaciones cariñosas en la computadora? ¡Es terrible! (y por desgracia es común). Muchos casados juegan a mandar mensajitos atrevidos a alguien más, o entran a páginas de adultos y tienen intercambios eróticos virtuales. Eso, por supuesto, no puede suceder en un matrimonio; pero las cosas se hablan; las parejas llegan a acuerdos; sin insultarse, sin volverse locas, sin rasgarse las vestiduras. Es la "R" del TRATO. Respeto a los pactos y renuncia a los escapes. ¿Dices que Guido te asegura que no se ha acostado con otra mujer y te ofreció no volver a mantener juegos inadecuados? ¡Pues tómale la palabra! No todos los matrimonios tienen la opción de reconstruirse. El tuyo sí. Mira para adelante. No arrojes la primera piedra. Apuesta por el futuro y descarta el pasado. Exige pero también ofrece. Reconstruye dando. Cumple el TRATO. Brinda lo que ha faltado y suple aquello cuya escasez fue un agujero que se convirtió en pozo. Mientras ustedes se amen, estarán a tiempo de salvar su relación.

Farah volvió a cerrar el fólder muy despacio. Dennali comprobó por qué en el rostro de su amiga las lágrimas profusas e insistentes le habían marcado las mejillas como un leve tatuaje de amargura.

43

AGOTADAS

Marco y Drac llegaron a la casa.

Las mujeres se veían agotadas y apacibles a la vez, como dos damnificadas que después del huracán se hubiesen relajado en un refugio al calor de la chimenea.

—Hola —saludó Drac—. ¿Cómo están?

—Bien. —Farah los recibió con un gesto de optimista expectación—. ¡Al fin llegaron! —Se asombró y sonrió—. Marco Polo, ¡qué bien te ves con esa ropa! —lo abrazó—, me dan ganas de llorar solo de verte vestido así otra vez.

Lo normal hubiera sido que el joven rechazara el arrumaco y la felicitación exagerada, pero en esta ocasión no solo lo permitió sino que se abrazó a su madre por varios segundos.

Los abrazos son bálsamo. Los abrazos consuelan. Los abrazos sanan.

Después, Marco se acercó a Dennali y le dijo:

—Mi Linda Lee. Te veo seria. Quiero pedirte perdón por

no haberte platicado toda la historia de lo que pasó en el bar. Lo hice sin mala intención. No quiero que estés enojada conmigo.

—No estoy enojada; solo agotada. —Le acomodó el cinturón de la chaqueta deportiva—. ¿Vas a volver a entrenar?

—Tal vez. En realidad no lo creo.

Se miraron sin decir nada más. Marco quiso abrazarla también, pero se contuvo. Desde el primer día que la conoció, le gustó su mentón cuadrado (tan similar al de su madre) y se enamoró de ella, por un complejo edípico, seguramente.

—¿No quieren cenar algo? —preguntó Farah—. Tengo comida preparada. Y también café con postre.

—Claro, gracias —dijo Drac; era una cortesía obligada aceptar la invitación. Las mujeres habían esperado varias horas.

Marco objetó:

—Yo necesito subir a mi cuarto unos minutos —y dijo lo que tenía en mente—, quiero volver a hablar con mi papá.

44

IKER

Esta vez la videollamada fluyó a la primera y fue contestada casi de inmediato. El receptor estaba en el mismo cuarto donde se quedó en la última llamada, con ropa colgada a sus espaldas.

—Hola, papá —dijo Marco en tono conciliador.

—Hola, hijo —contestó Guido con la afabilidad que le daba escuchar que el joven ya no lo llamaba por su nombre de pila.

—Me dijiste que te llamara cuando estuviera más tranquilo. ¿Te volví a despertar?

—No. He pasado una noche rara. Difícil. No he podido conciliar el sueño. Desde hace dos horas que me hablaste he estado aquí sentado en el vestidor, pensando. Dejamos algunas cosas sin aclarar.

—Tienes razón. ¿Empezamos de nuevo?

—Por favor.

—¿Todavía te dedicas a programar sistemas?

—Sí. Y viajo mucho; ya sabes. La seguridad cibernética se ha puesto cada vez más crítica en el mundo.

—¿Entonces sigues trabajando para la compañía de Silicon Valley?

—Ahora dirijo la filial en España.

—Vaya. Recuerdo que cuando era niño me enseñaste a jugar juegos de tácticas en la computadora. Eres un estratega. —Se atrevió a deslizar otro pequeño proyectil de reproche—. Hasta que te fallaron los cálculos.

—Sí, no siempre las cosas salen bien. —Esquivó la bala—. ¿Y tú cómo has estado, Marco?

—Más o menos. —Decidió ser más directo—. Dejé el deporte para siempre. Dejé la escuela. Dejé a Dennali. He andado como errante.

—Sí. Tu madre me contó algo.

—¿Hablas con ella?

—A veces. De temas económicos sobre todo... ya sabes... los gastos de la casa y cómo ayudarte a ti y a tu hermana.

—No sabía que te ocuparas de los gastos que hay por aquí.

—Hay muchas cosas que no sabes.

—Es cierto. Yo solo sé que eras mi héroe. —Se detuvo por un repentino nudo de saliva—. Me subí al edificio más alto contigo (porque confiaba en ti) y hubo un temblor. Entonces te bajaste corriendo por la escalera y me dejaste caer desde el balcón.

—Qué forma tan cruel de verlo. Y equivocada.

—¿Equivocada? —Aunque Marco se había liberado de todos sus sentimientos negativos, necesitaba retomar las cosas desde el punto en que las dejó—. Explícame entonces.

Guido asintió, se colocó frente a la cámara para aclarar:

—Mientras estuve casado con tu mamá yo no me acosté con otras mujeres. No formé un segundo hogar a sus espaldas. Sé que la infidelidad destroza. En mi juventud fui víctima de ella. Por eso (salvo en esos tontos juegos que tuve durante un tiempo en la computadora y que no pasaron a más), en veinte años de casado y en todos mis viajes, nunca le fui infiel a tu mamá.

—Ya veo. De todas formas fuiste medio pervertido. ¿Por qué si dices que ella y tú no se entendían en la intimidad, en vez de lubricar tus deseos con mujeres imaginarias, mejor no buscaron un terapeuta sexual o un consejero?

—No lo sé... Supongo que no nos gustaba ventilar nuestros asuntos íntimos.

Marco Polo ya no quería lapidar a su padre. Había entendido que detrás de todas las conductas inexplicables siempre hay una explicación.

—Papá, ¿por qué te fuiste sin despedirte?

Guido se llevó ambas manos juntas a la barbilla como haciendo un esfuerzo por buscar las palabras adecuadas.

—Después del día del descalabro todo fue caótico. Ustedes me negaron el habla. Yo seguí viajando y me reuní con aquella novia con la que tuve un hijo. Ya no era racista ni violenta. El dolor de varios fracasos amorosos la hizo más sensible. Platicamos de nuestras tristezas. Le conté todo a Farah y se puso histérica. Dijo que seguramente jamás había perdido contacto con aquella mujer y que siempre había sido mi concubina. Me pidió el divorcio. Karen fue más dura aún. En sus desplantes de adolescente, un día me insultó (siguiendo tu ejemplo), y me corrió de la casa. Yo aguanté un par de meses más. Pero las cosas no cambiaron. Te hablé por teléfono a Monterrey y nunca quisiste contestarme. Por otro lado, yo seguía recibiendo llamadas de insultos. Drac me pidió que volviera a comparecer ante el honorabilísimo tribunal de la inquisición, y me negué. Solo hice una carta exonerando a Drac, a la escuela y a ustedes de toda culpa. Entonces decidí mudarme. Firmé el divorcio y me vine a vivir a España.

Marco Polo agachó la cabeza y estuvo un rato sin decir palabra. Era muy triste que una familia tan buena hubiese terminado rota de esa forma.

—No puedo creer lo que nos pasó.

—Marco, mírame a los ojos. Yo reconozco que me equivoqué contigo. ¡Pero nunca hubo maldad o desinterés de mi parte! Quiero pedirte perdón. A ti y a mi preciosa Karen.

—Debes hablar con mi hermana. Vive muy enojada y eso la está destruyendo.

—¿Anda por ahí? ¿Me la puedes pasar?

—No. Se fue a un campamento de verano.

—¿Cuando regrese le dices que me llame?

—¿Y por qué no vienes a verla, personalmente? A ella no la vas a convencer por teléfono.

—Tienes razón. Programaré un viaje.

—¿Y vives con tu otro hijo? —le preguntó.

—Sí. Se llama Iker. Es tres años mayor que tú. Se dedica al tenis profesional.

La última frase de su padre le volvió a pinchar las llagas. Quiso preguntarle si a Iker no le había ayudado con la edad en el tenis, si no le había puesto un chip ilegal en la raqueta para que todas las bolas entraran a la cancha y si no le había dado un té milagroso para que saltara como gacela mientras jugaba...

—No sabes cómo me duele que tu hijo Iker se haya convertido en el deportista campeón que yo no pude ser para ti.

De un zarpazo se quitó del rostro una lágrima que se le había escapado sin su permiso.

—No digas tonterías.

—Cuando vengas, ¿puedes traerlo? Me gustaría conocer a mi medio hermano. Además, siempre he querido aprender a jugar tenis.

Guido puso una mano sobre la pantalla en señal de contacto amoroso. Marco hizo lo mismo.

El padre agregó antes de colgar:

—Marco Polo, levántate. Termina tu carrera. Pon un negocio. Vende la motocicleta que te compramos tu mamá y yo. Vale mucho dinero. Con eso puedes recomenzar.

—¿Cómo? —se sacudió de nuevo—. ¡La motocicleta me la regalaron mis tíos!

—No, Marco. Ellos nos la vendieron, a precio de mercado. Entre tu madre y yo la pagamos. También pagamos las colegiaturas del Tec y todos tus gastos. Jamás me he desentendido económicamente de ti; de ninguno de mis hijos.

45

INDEMNIZACIÓN

Marco Polo cortó la llamada con su padre y se quedó meditando un rato, sin moverse. Luego, con dolor físico, pero también mental, fue al baño, se lavó los dientes, se puso ropa cómoda, y dobló el uniforme.

Salió de su habitación; regresó a la sala.

Encontró un cuadro inesperado. Dennali y Farah estaban pálidas. Parecía que hubiesen visto una aparición maligna. Drac se encontraba recargado en la puerta como protegiendo la entrada.

—¿Qué sucede? ¿Pasó algo?

—Vino un hombre a buscarte —dijo Drac—. Se acaba de ir. Trajo tu motocicleta que dejaste en el parque.

—¿Era policía?

—No.

Buscó la bolsa de ropa sucia que había dejado en el sillón.

—Yo tengo la llave de mi moto. ¿Cómo la arrancó?

—¿Cómo te imaginas? —Era evidente—. Le rompió el seguro. La moto traía los cables de la marcha sueltos.

Caminó decidido para ir al garaje.

—Espera —lo detuvo Drac—. El tipo solo vino a mostrarme la motocicleta, pero volvió a llevársela.

—¿Por qué? ¿Quién era? ¿Cómo era?

—De unos treinta años. Bajo de estatura, panzón, mal vestido, de cabello castaño, casi rojizo, y con mal aliento.

—El Cuervo. —La descripción era perfecta—. Así se llama. Bueno, así le dicen. La policía anda buscándolo. Es el hombre que arrojó la bomba de gas en el bar. Vende todo tipo de drogas y armas.

—Bueno, pues el Cuervo preguntó por ti. Le informé que no estabas disponible, pero insistió en verte. Parecía muy bien informado de lo que ha pasado. Me comentó: "Seguro, los policías lo golpearon", y luego añadió como si le preocupara tu salud: "¿Está bien?". Contesté que sí, y él se acercó mucho para seguir hablando. Por eso me di cuenta de su halitosis. Me dijo: "¿Te puedo dar un recado para Marco? Dile que ojalá haya contestado bien los cuestionarios". Hizo mucho énfasis en eso; no sé a qué se refería.

—Se refería a los interrogatorios de la policía —aclaró Marco—, el Cuervo ya sabía que me iban a detener; y vino a advertirme que no fuera a delatarlo.

—Pues me dijo —continuó Drac— que si contestaste bien los cuestionarios y querías dejar de ser su cliente para siempre, como se lo pediste, solo te faltaba pagarle una indemnización. Insistió en que hasta los clientes más pequeños le dan un desagravio de despedida.

—No lo puedo creer —levantó ambas manos a la altura de los hombros en señal de ofuscación—, ¿te pidió dinero? ¡Yo no le debo nada!

Entonces Drac le dio la noticia.

—Me pidió tu moto.

—¿Cómo?

—Quiere que le dejes la factura endosada con todos los papeles y las llaves en un sobre. Adentro del buzón del garaje. Dijo que va a vender la moto legalmente y que ya tiene un cliente.

Marco Polo se dio cuenta de que estaba siendo víctima de una extorsión, pero también comprendió que si no accedía, se arriesgaba a sufrir (él o su familia) una venganza.

—Llamemos a la policía —sugirió Dennali—; el agente Martínez, estará muy interesado en ayudarnos.

—Es peligroso, Linda Lee. No podemos exponernos.

—Pero tampoco podemos darle al Cuervo tu motocicleta. Es el único activo que tienes.

—Sí —coincidió cerrando un instante los párpados y respirando—. Justo ahora mi papá me acaba de decir que la moto no me la regalaron mis tíos, sino mi mamá y él. Me dio la idea de venderla para poner un negocio y terminar de estudiar. Fue una buena idea. Y ahora resulta que ya no tengo nada… —Meditó unos segundos—. El Cuervo es un peón de la mafia y yo soy la hormiga del peón. No quiero alborotar el avispero. —Era la mejor decisión—. Mañana voy a entregar los papeles y la llave de la moto. Si esa es la indemnización que ese maldito me está pidiendo para no volver a molestarme, creo que me salió barato —vio que en la mesa había unos platos de postre y tazas de café—. ¿Por qué no nos sentamos a acabar de cenar?

Los cuatro se movieron despacio y en silencio.

Farah se sentó junto a Dennali. Drac y Marco ocuparon los asientos laterales frente a ellas.

En el lugar corría un viento frío, aunque las ventanas estaban cerradas.

—¿Cómo te fue en la llamada con tu papá? —preguntó Farah.

—Bien. Aprendí muchas cosas que no sabía.

—¿Tu padre habló mal de mí?

—Solo me dijo la verdad —discurrió con la desenvoltura de un esclavo recién liberado—. ¿Sabes? En la oficina de Drac hice un ejercicio de evaluación sobre la herencia paterna que recibí. El resultado fue negativo. Si lo hiciera ahora los números cambiarían. Yo siempre creí que papá había sido un hombre adúltero, adicto a la mentira y a las infidelidades continuas. Pero me aclaró que el hijo, que efectivamente tiene, lo concibió antes de casarse contigo y que, ya casados, no te fue infiel, más que jugando en internet, y eso porque tú no querías tener relaciones sexuales con él. También creí que nos abandonó sin razón. Pero hoy me enteré de que más bien nosotros lo corrimos. Y fuiste tú quien le pidió el divorcio.

—Bueno —Farah carraspeó tratando de elegir las palabras de su respuesta—, dos personas con los ojos vendados interpretan al elefante, dependiendo la parte que toquen.

—¿O sea?

—Tu padre describe las cosas desde su punto de vista. Acabas de hablar con él y yo no voy a contradecirlo, pero sí te digo, Marco, que yo no fui la que rompió nuestra familia. Jamás hubiera hecho algo que te perjudicara a ti o a tu hermana.

—Eso me queda claro, mamá. No te preocupes. Aunque papá es un genio de la informática, es un estúpido (así se describió él mismo) para las relaciones humanas. Eso incluye la educación de sus hijos. Él solamente quiso allanarme el camino para no verme sufrir. Y se equivocó una y otra vez.

—En ese sentido todos nos equivocamos —aceptó Farah.

—Cambiando de tema —continuó Marco Polo—, lo que más dolor me causó hoy (lo confieso), es haber comprendido que debo alejarme de Dennali —lentificó sus palabras para dirigirse a la chica que estaba justo frente a él—. Por eso quiero aprovechar este momento en el que estamos los cuatro juntos, para despedirme de ti, mi Linda Lee. Al menos los próximos dos años voy a dedicarme de lleno a estudiar, a trabajar y a ponerme en forma. Tú debes hacer tu vida y olvidar que existo. Tal vez, si algún día logro estar remotamente a tu altura, que lo dudo, podamos volver a ser amigos.

Dennali sacudió la cabeza un par de segundos como si quisiera lanzar fuera un insecto que le hubiese caído en la frente.

—¿De qué hablas?

Drac intervino con voz pausada y timbre grave:

—Marco y yo platicamos de eso, hija. Tú, este año tienes varios viajes con tus alumnos. El siguiente vas a ir a Japón como entrenamiento para el campeonato mundial. Estarás muy ocupada. Y Marco por su parte necesita...

—Limpiarme —completó el joven—. Básicamente, necesito limpiarme, mi Linda lee. Para no embarrarte de lodo.

Ella se paró de un salto movida por la furia.

—¿Qué? —repitió con repulsión—. ¿"Embarrarme de lodo"? Papá, esas son tus palabras. Las reconozco. ¡Se las dijiste a Marco! ¿Qué rayos está pasando aquí?

46

ME LEVANTARÉ

Dennali era una campeona con gran palmarés. Aunque tenía cuerpo pequeño, su enorme fuerza de carácter dejaba temblando a cualquier contrincante.

Enfrentó a su papá con franqueza y claridad.

—Tú no vas a decirme si puedo o no separarme de Marco. Eso lo decido yo.

—Cálmate, Dennali. En este momento lo más conveniente para los dos es separarse.

—¿Por qué dices eso, papá? ¿Cómo te atreves? ¿Es que ahora todos los padres se están volviendo locos? ¡Date cuenta! La generación de *centennials* está llena de inútiles flojos, consentidos por culpa de sus padres. ¿Qué rayos nos pasa? Sé que quieres protegerme, porque eso es lo que has hecho siempre. Pero no entiendes que me cortas las alas. Es lo mismo que hizo el papá de Marco con él. ¡Protegerlo en exceso! ¡Y lo embarró!, como tú dices; pero los papás no deberían vivir por los hijos, ni decidir por ellos, ni hacerles la tarea, ni ayudarlos en todo, ni allanarles el camino para que no sufran. Deberían acompañarlos en su crecimiento y enseñarlos a volar. Provocar que sean independientes, y libres y hagan sus vidas. La sobreprotección de los hijos es el cáncer de este siglo. Yo tengo veintitrés años, papá. ¡Sé lo que me conviene! ¡Sé quiénes pueden ser mis amigos! Y si me equivoco, está bien, deja que me equivoque y que sufra. Porque solo así voy a aprender, caray. —Arrugó la nariz como tratando de evitar un estornudo o un espasmo—. ¿Quieres que sea campeona mundial? ¿Y por qué no me preguntas si eso es lo que yo quiero? ¿Sabes que nuestro deporte me ha llevado a una rigidez asfixiante? ¿Sabes que desarrollé un trastorno alimentario? ¿Sabes que aunque gano medallas de oro me siento muy sola y muy infeliz? ¡No solo el papá de Marco se descalabró! ¡Todos aquí estamos descalabrados! Cuando te quedaste viudo, caíste en un boquete de neurosis que no has podido superar. ¡Hasta la fecha! ¡Te dedicaste a tu escuela de artes marciales de una manera enfermiza! ¿No te das cuenta? ¡Te convertiste en un robot programado para rutinas disciplinarias superestrictas! Solo hablas con tus alumnos y de tus alumnos. No tienes vida social. Tu interacción con el mundo, fuera de tu *dojo*, es solo para defenderte de los lobos que siguen atacándote. Estás descalabrado, papá. —Su corolario feroz abarcaba también a Farah; volteó a verla—. Y tú Farah, eres mi amiga; y mi madre adoptiva. Te conozco muy bien. Sigues encerrada en un círculo de culpa. No has podido perdonarte a ti misma, porque en el fondo sabes que cuando tu marido cometió los peores errores, lo dejaste solo; le diste la espalda. No lo escuchaste. No le tendiste la mano. Ni siquiera consideraste la posibilidad de darle otra oportunidad. Te excediste ¡otra vez tratando de proteger a tus hijos! Y tu familia se deshizo, por culpa de tu esposo, pero también tuya. Y eso no te deja vivir en paz. Amiga del alma, también estás descalabrada.

Dennali se puso de pie y caminó lentamente alrededor

de la mesa; jadeaba y tenía perlas de sudor en la frente, como si acabara de correr cinco kilómetros a toda velocidad. Se sentó junto a Marco; lo tomó de las manos.

—Tú y yo somos como hermanos. Crecimos juntos. Tienes que sanar en muchos aspectos. Pero yo también. Si me embarras o te embarro, nos bañamos y seguimos adelante... ¿Qué te parece?

—Ya te dije que no eres mi hermana.

Ella rio. Todos alrededor de la mesa estaban conmovidos.

—El café volvió a enfriarse —dijo Drac.

—No pasa nada —contestó Farah poniéndose de pie para cambiar las tazas.

Después de unos segundos, Dennali fue hasta su padre. Le tomó el brazo.

—Esta tarde, Farah y yo estuvimos aquí, platicando de mil cosas, esperándolos a ustedes y ella me tocó una canción que acaba de componer. Es la mejor que le he escuchado. Se llama *Me levantaré*, la escribió pensando en Marco; pero también la compuso pensando en ella misma y en mí, en Karen, y en cualquiera que haya sufrido una caída. —Acarició a su padre—. Todos tenemos que aprender a levantarnos. Ninguno de los que estamos en esta sala podemos quedarnos en el suelo, rumiando errores del pasado o echándole la culpa a otros de nuestras desgracias. Debemos ser fuertes y no darnos por vencidos. Es lo que mi madre dijo y practicó hasta el último día de su vida. No importa lo que hayamos hecho antes o lo que hayamos dejado de hacer ayer, todos podemos decidir hacer más. —Recordó las palabras de Eva—. Toma una decisión hoy: especialízate. Emprende. Crea. Atrévete.

Arriésgate. Camina. Sana. Ama. Deja huella. ¿Y si las calamidades te tiran? Decide levantarte. No te estanques. Siempre puedes subir un escalón. Y en tus decisiones más grandes, también decide amar. Aplica EL TRATO punto por punto. Cuida tus relaciones y ellas cuidarán de ti. Mientras vivas, puedes reinventarte. Solo decide levantarte, decide avanzar, decide amar.

Drac había aguantado el granizo que luego se convirtió en esa lluvia cerrada capaz de empapar con discreción.

Alargó la mano hasta tocar la de su hija en señal de alianza. Luego se dirigió a Farah.

—¿Nos cantas la mejor canción que has escrito?

Después de una charla tan acalorada, todos necesitaban con urgencia el paréntesis de apacibilidad que solo la música podía darles. Farah dejó la cafetera y fue al piano.

 Hay días que no tengo fuerza de salir a la batalla. Momentos en que ya no tengo ganas de pelear, y quiero escapar.

A veces doy vueltas en un laberinto y siento que me falta el aire. Sin entender en qué momento me rodeé de lobos que me atacaron a matar. La presión me atrapa y tengo ganas de gritar: "¡Ya no puedo más!".

Pero esa voz que calma el fuego, me da paz una vez más: "No hay palabras, ni amenazas que puedan dañarte. Los perros ladrarán, pero tus alas sobre el desierto volarán. No tengas miedo. Sigue avanzando. La frente en alto. Mantente atento a que cambie el viento. Hay luz en esta oscuridad".

¡Me levantaré! ¡Que tiemble y huya el miedo!

Mis piernas son de acero. Aun herido seguiré. No me podrán vencer. Como un soldado pelearé. La tempestad enfrentaré. Soy más fuerte de lo que creen.

Las notas del piano dejaron un eco apacible en la habitación.

No hubo necesidad de decir más.

Drac y Dennali se despidieron. Farah y Marco los acompañaron a la puerta.

—Antes de que se vayan —dijo Farah dirigiéndose a Drac—, déjenme darles algo que atesoro. Eva me dio a guardar el manuscrito de su libro, *La decisión*. No sé por qué me lo dio, pero el documento debe tener un valor extraordinario, ahora que el libro es un *best seller* y que ella ya no está. ¡Lo escribió a mano!

—Nunca vi ese manuscrito —reconoció Drac.

—Te lo muestro.

Los adultos volvieron a entrar a la casa. Los jóvenes se quedaron afuera.

47

LUNA CRECIENTE

La noche estaba tranquila; una luna mitad creciente contribuía con su fulgor a la luminiscencia de las lámparas urbanas, y le daba a la calle una claridad casi matinal.

Marco y Dennali habían sobrevivido como el ave fénix sobrevive al fuego; a pesar de los golpes recibidos se sentían fuertes y satisfechos con esa complacencia eufórica que llena el espíritu de los competidores que han terminado una contienda y han (ganado o no) dado lo mejor de ellos mismos.

—Ya no entendí —dijo Marco con una voz subterránea—. ¿En qué quedamos, Linda Lee? ¿Durante los próximos dos años vamos a seguir viéndonos, o no?

—Como tú quieras. Mi papá ya no tiene nada que opinar.

Marco Polo le acarició el brazo muy despacio. El pulso de su mano palpitaba con un temblor incontenible de atracción.

—¿Tú te arriesgarías a los peligros de andar cerca de mí?

Ella rio.

—Tal vez si me compras un seguro.

—¿De gastos médicos?

—Sí, pero también legal. Y de vida. Y de daños a terceros.

Marco soltó una carcajada, luego llevó sus dos manos hasta el rostro de Dennali. Le acarició las mejillas.

—Cuando me golpeaban los agentes, ¿sabes lo que me mantuvo siempre fuerte y con ganas de vivir? El recuerdo de esa "pantomima" en el parque, donde me quitaste la camisa, te pusiste encima de mí y fingiste que me besabas.

—No me avergüences. Fue una tontería. No sirvió de nada.

—Claro que sirvió. Me hiciste recordar que todavía puedo ser hombre. Hombre cabal. Hombre complet —sonrió emocionado—. Yo creía otra cosa. Tenía un paradigma muy arraigado: estaba convencido de que alguien que cometió un delito o se equivocó no tiene derecho a reinsertarse a la sociedad. De esa forma me había condenado a ser un residuo social. Pero al abrazarte y fingir que nos queríamos, entendí que incluso podía ser perdonado y restaurado.

—Nuestra relación se dañó —habló casi en un susurro—, empecemos una nueva; desde cero.

Como la voz de Dennali fue intimista, Marco se animó a lo que tanto deseaba; acercó su rostro al de ella. No lo hizo con rapidez ni con sorpresa, sino con lentitud, dándole la libertad de aceptar o rehusar la cercanía. Y ella la aceptó. Se besaron.

Él murmuró después:

—Tu papá no tarda en salir.

—Qué importa. Ya es hora de que madure.

Recordó lo que le había dicho en el parque y resumió una promesa distinta:

—Si nuestra relación exige *tiempo*, quiero pasar contigo varias horas a la semana, entrenando, charlando, comiendo, paseando; si hace falta *respeto*, hablaremos claro y de frente; arreglaremos todo comunicándonos cara a cara y diciendo la verdad. Si el trato exige *abrazos*, ¡por favor! De eso pido mi limosna —subió las manos por las orejas hasta la cabeza de ella y le acarició el cabello—, besos, calor humano, contacto suave y tierno de mis manos y tu piel. En cuanto a abrazos mentales, también te elogiaré y te diré cuán bella, inteligente, capaz, e inspiradora eres. ¿Qué más? Ah, sí. Por ti conseguiré un buen empleo, trabajaré para ganar dinero y te daré obsequios.

Ella movía la cabeza como disfrutando el masaje. Murmuró:

—Dijiste que harías artesanías de paja y heno trenzado con tus manos.

—Cuenta con ello.

Escucharon risas en el interior de la casa.

Miraron hacia adentro.

Junto al piano, Drac y Farah charlaban. Ella había levantado la pequeña escultura de plata en forma de un salmón saltando y le explicaba algo a él. Drac asentía sonriendo.

Ninguna persona puede triunfar si no es como el salmón: si no se atreve a soñar y a perseguir sus anhelos en contra de una cultura agresiva, grosera, tramposa, hipócrita, deshonesta, desleal, impuntual, apática, envidiosa.

—Cuando regresé de Monterrey, esa estatuilla ya estaba sobre el piano de mi madre. Tu papá se la regaló, ¿verdad?

—Sí. Se han vuelto buenos amigos.

No debía ser sorpresa. Esa tarde, en la oficina, Drac le puso dos canciones de Farah. Eso significaba que admiraba la música que ella componía. Por otro lado, cuando su madre lo regañó por llegar a las cuatro y media de la mañana, ella usó casi las mismas palabras de Drac cuando le dijo que más de la mitad de la población del mundo necesita reconciliarse y perdonar a sus padres.

La noche, además de iluminada, era templada. Había lloviznado un poco y una grata humedad se levantaba como ligerísima neblina.

De entre todo lo aprendido había un concepto que le daba vueltas a Marco, como un eco luminoso en el entendimiento:

Cada vez que digas "quiero recuperar lo que perdí", mejor di "quiero construir algo nuevo con lo que tengo". ¡Siempre hay una segunda oportunidad para el que desea levantarse!

Se recargaron en una media barda, tomados de la mano.

Respiraron hondo.

La luna creciente se estaba moviendo hacia el cenit, dejando un eco visual en el espacio.

Este libro se imprimió en diciembre de 2019
en los talleres de Litográfica Ingramex, S.A. de C.V.
Centeno 162-1, Col. Granjas Esmeralda,
Ciudad de México C.P. 09810
ESD 2e-40-2-M-7.5-12-19